教育工学選書
7

# 教育メディアの開発と活用

日本教育工学会 監修

近藤 勲・黒上晴夫・堀田龍也・野中陽一 著

ミネルヴァ書房

## 発刊のことば

教育工学(Educational Technology)が日本に紹介されたのは1964年であった。Technologyを技術学ではなく工学と訳したことが，多方面な発展をもたらしたとともに，いくつかの誤解も生じさせる原因にもなっていた。工学は，工業や工業製品との連想がつよく，教育工学とは，教育機器を生産する技術やそれを活用するための技術を研究する学問と思われがちであったからである。しかし，我が国での教育工学は，初期の研究者の努力により，その目的や方法についてさまざまな議論を経てその学術的位置づけを明確にしながら発展してきた。現在では，狭い意味の工学だけでなく，教育学，心理学，社会学，生理学，情報科学，建築学などさまざまな分野の研究者たちがそれぞれの研究基盤をもとに協力しながら成果をあげ，問題解決に迫る学際領域になっている。

1984年には，日本教育工学会が設立され，会員数も2500名を優に超える中規模の学会となってきている。対象とする領域は，認知，メディア，コンピュータ利用，データ解析，ネットワーク，授業研究，教師教育，情報教育，Instructional Design 等(『教育工学事典』実教出版，2000より)と広い。また，科研費の総合領域分野の細目にも「教育工学」があり，毎年数多くの申請書が提出される。近年では，医学教育や企業内教育などの領域にも対象は拡大している。

このように「教育工学」をキーワードとして，多くの人材が集まる研究領域に育ってきていることは喜ばしいことであるが，学際領域として，共通の知識や技術，研究方法などが共有しにくいという弱点も感じている。教育工学は，学際領域であり，さまざまな研究領域からのアプローチが可能ではあるが，広い意味での「工学」であり，その成果を共有するには，やはりその内容や方法に対する共通の理解が必要だからである。

そこで，日本教育工学会では，「教育工学がどのような学問なのか」「これまでどのような研究が行われてきたのか」「この領域の面白さはどこにあるのか」「今後この分野に関わる研究者にはどのような知識や技術を身につけておいてほしいのか」等を共有することを願って，設立25周年記念事業として教育工学選書の出版をスタートさせることになった。まずは，はじめの8巻を基盤的で総括的な内容で編成し，その後，個別的な研究の内容や方法を紹介することとしている。

高度成長を求め優秀ではあるが画一的な人材を育成する時代は過ぎ去り，ひとりひとりが自らの可能性を引き出しながら継続可能な社会を構成しようとする時代に入ろうとしている。教育においても新しい課題が山積みであり，将来を見通した研究開発が求められている。ぜひ多くの開発研究者や教育実践研究者，あるいは，これから教育分野を対象として研究を進めていきたいと考えている若い研究者が，教育工学が求めている考え方や方法論を理解し，研究のコミュニティーに参加してほしいと願っている。

2012年4月
教育工学選書編集委員会代表 永野和男

　　　　　　　は　し　が　き

　一般にメディアについては，過去数世紀にわたり，対象にミクロ，マクロの視座を伴って，哲学的，教育学的，社会学的，心理学的，工学的な観点から定義が試みられ，多くの先達から主義・主張が提唱されてきた。本巻は，日本教育工学会の創立25周年を記念して企画し出版される教育工学選書シリーズの一つであり，いわば教育工学会が創立以来，今日までに会員が研究・啓発活動を通して培ってきた教育メディア分野の集大成と目される。したがって，これらの知見，体験を次世代へ伝承させるとともに蓄積，体系化された研究成果を総括して将来に向けた指針と展望を示そうとする意図と期待がある。

　先ず，本学会の学会誌の前身ともいうべき日本教育工学雑誌刊行会が1976年から出版していた『教育工学雑誌』から今日の『教育工学会論文誌』のほか，『研究報告』並びに『大会講演論文集』の中で掲載されたメディア関係の論文を大雑把にレビューすると，以下のように3つに集約できる。

　（1）メディアそのものの特性と媒体としての機能比較
　（2）メディアの教育への利用
　（3）新しいメディアの開発

　（1）では，特に新しい媒体が開発されると，旧来の媒体との機能面，例えば，解像度と認知負荷との心理作用など，生理的，心理的な視点と分析志向に基づく新旧相互の関連性と所要機能などの優劣が主な研究対象とされる。（2）では，ほとんどが学校教育への利用であるが，その中でも大学も含めた授業での利用とその効果が主な研究対象である。（3）では，工学的な見地，とりわけシステムとして単体かつ単機能で存在する媒体と既存技術を新しい教育理念の下で有機的に組み合わせたメディア開発と試行が主な研究対象である。

　教育メディアについては，本学会が20世紀を総括するミレニアム事業として企画，編集し，2000年に刊行した『教育工学事典』の「分野別目次体系」10分野の中で2番目に「メディア」として挙げられている。同事典には「メディ

ア」の概念構成図が掲載されている。それによると,「概念」「教育メディア」「メディア教育」「教育システム」「コミュニケーション」「認知」の6項目に分類されている。分類の根底には,教育工学では,メディアそのものと教育におけるメディアの利用に関わる研究・教育が中核をなしてきた歴史的経緯が見られる。

　賢明な読者諸氏は「教育メディア」と「メディア教育」の概念の違いに関心をもたれるであろう。また,「視聴覚教育」と「メディア教育」の概念は？と,次々に疑問を抱かれるであろう。さらには「教育メディア」と「視聴覚メディア」との相違は？　原語は「Audio-Visual aids」なので「聴視覚教材」のはずが,なぜ「視聴覚教材」なのか？と,疑問を膨らませられるかもしれない。メディアに関心をもてばもつほど,疑問が増大するのは理解が深まっている証左であり,認知行為として至極当たり前である。しかし,これらの名称の範疇と個々の概念,あるいは相互の違いや特徴を誰もが首肯するよう一刀両断に解説することは,実はそれほど容易でない。「教育メディアは,教育(教授・学習)のために利用する内容,手段を指す」といえば,少なくとも利用目的と対象の範囲をおおむね限定できる。ちなみに我が国でメディアと教育を関連させた研究を標榜する学会としては,1955年に創立された日本放送教育学会,1964年に発足した日本視聴覚教育学会がある。両学会は1994年に「日本視聴覚教育・放送教育学会」として統合され,1998年から「日本メディア教育学会」に改称されている。1974年に発足した「CAI学会」を前身とする「教育システム情報学会」並びに1985年創立の「日本教育情報学会」も教育メディアを主要な研究対象としている。

　かつて坂元昂 (1971) は著書『教育工学の原理と方法』で「教育工学は,教育に関係した操作可能なすべての諸要因,すなわち,教育目標,教育内容,教授目標,教授内容のような教育情報教材・教具,教育機器のような教育媒体,教育方法,教授方法,教育環境,児童・生徒の行動,教師の行動やそれらの集団編成ならびに以上の諸要因相互の関係を分析,選択,構成,制御して,教育効果を最大ならしめることを実証的に,そして実践的に研究する工学であり,……(中略)」と定義している。この中に「教育メディア」という用語は見当た

らないが，英語のカタカナ表記を漢字に置き換えた字面から判断すると，「教育媒体」が該当するであろう。その概念として，「教育目標，教育内容，教授目標，教授内容のような教育情報教材・教具，教育機器のような教育媒体」と結んでいる。文脈から類推すると，情報としての教授・学習内容（contents）とそれを創造・再生・再現・保存する手段である機器・装置の両方を包含し一体化した表現と考えるのが，妥当であろう。それだけに教育メディアが社会の発展・変化に応じた教育観・学習観の変遷に同期し，科学・技術の進歩に依存する特性と傾向をもつことは否めない。例えば，我が国では教育理念として1960年後半から1970年代にかけて行動主義に基づいた教育の現代化，科学化が，[2]1980年代からは認知主義思想に基づいて構成主義が台頭し，学習者の主体性・個別化が強調された。さらに2000年前後からコンピュータと情報通信ネットワークの長足の進歩により，ユビキタス（ubiquitous）という概念と適性処遇交互作用（ATI；Aptitude Treatment Interaction）という教授・学習の理念が実現に近づいたと見做されるまでになった。

　本書では，次のような事柄が系統的にわかるように意図した。

　　（1）教育工学という学問体系の中でメディアが教育との関わりの中でどのような理念と目的のもとで研究対象として扱われ，知見・成果を蓄積し，社会に還元してきたか。

　　（2）将来に向けては，課題の所在だけでなく，可能性を指摘し，新たな指針と展望を提供しているか。

　以上の内容を体系的に紹介し解説するために本書は4つの章から構成されている。第1章では，メディアを包括的に解説するため，メディアについての基礎知識ともいうべき歴史と理論と人間との関わりを取り上げた後，教育メディアに焦点化して，その定義と機能を概観する。さらに利用効果の測定と評価に言及する。第2章では，教育メディアに特化して，その変遷と教授・学習理論との対応について述べ，学習評価にまで言及している。第3章では，教育メディアの直接の利用者への便宜を念頭に置いて，学校教育を対象とした教育メディアの開発と利用を具体的に紹介している。第4章では，日々の学校教育での利用を通して得られた教育メディアの課題と展望について言及している。

注
(1) 1946年以降，著書，報告書には，「聴視覚教育／教材」と「視聴覚教育／教材」が混在表記されているが，1952年の文部省学習指導要領の中で「視聴覚教育／教材」と統一表記されている。
(2) 1957年10月に世界で初めてソ連が「スプートニック」と呼ぶ人工衛星を打ち上げた。スプートニックショック（sputonik shock）と呼ばれ，これを契機にアメリカは国を挙げて教育の現代化に取り組み，特に科学教育を強力に推進するようになった。例えば，1950年後半～1970年代にかけて，B. F. スキナー（B. F. Skinner；1904-1990）で代表される行動主義学習論が一世を風靡し自動学習とも称されるプログラム学習（programmed learning）が脚光を浴びた。我が国では1960年代後半から1970年代にかけて教育の現代化，教育の科学化が喧伝され，伝統的権威主義に基づく思弁的な教授から実証を重視した教授・学習への意識改革が図られた。教育改革を牽引する新たな学問として educational technology, instructional technology, educational engineering などを表記する論文や書名が見られるようになり，日本語への翻訳にあたり研究者間で喧々諤々議論された。「教育工学」として定着するのに数年を要した。1970年前後に日本短波放送のシリーズ番組で坂元は末武らの協力を得て，新しい学問と位置付けた教育工学を紹介し解説した。

執筆者を代表して　近藤　勲

# 目次

はしがき

## 第1章 教育メディアの概観 …………………………… 1

### 1.1 メディアの歴史 …………………………… 1
1.1.1 メディアの起源…1
1.1.2 メディアの捉え方…6
1.1.3 メディアの変遷…10

### 1.2 教育メディアの定義と機能 …………………………… 23
1.2.1 教育メディアの定義…23
1.2.2 教育メディアの表記と機能…27
1.2.3 教育メディアの適合性…36

### 1.3 教育メディアの特徴と分類 …………………………… 39
1.3.1 教育メディアの特徴…39
1.3.2 教育メディアの分類…43
1.3.3 教育メディアの効果測定と評価…48

## 第2章 教育メディアの系譜 …………………………… 56

### 2.1 教育メディアの役割 …………………………… 56
2.1.1 情報伝達のためのメディア…57
2.1.2 学習内容としてのメディア…59
2.1.3 教授者としてのメディア…60

2.1.4　学習道具としてのメディア…61
　　2.1.5　コミュニティをつくるメディア…62
　　2.1.6　教育の目標と教育メディア…64
2.2　教育メディアの選択 …………………………………………………69
　　2.2.1　メディア選択の必要性…69
　　2.2.2　メディア選択の手順…71
　　2.2.3　メディアの属性…72
　　2.2.4　メディアコミュニケーションの方向性…74
2.3　教育メディアとインタラクション ……………………………………75
　　2.3.1　第1世代〜第5世代のメディア…75
　　2.3.2　インタラクションとは何か…77
　　2.3.3　インタラクションと教育メディア…79
　　2.3.4　遠隔教育とインタラクション…80
　　2.3.5　遠隔教育の意味の拡張…83
2.4　教育メディアの背景理論 ……………………………………………89
　　2.4.1　行動主義と教育メディア…89
　　2.4.2　認知主義と教育メディア…90
　　2.4.3　状況主義と教育メディア…91
　　2.4.4　社会的構成主義とメディア…92
2.5　背景理論の着地点 ……………………………………………………94

# 第3章　学校現場で役立つ教育メディア ……………… 100

3.1　学校現場における教育メディアの活用 ……………………………102
　　3.1.1　我が国の学校教育におけるICT整備政策の変遷…102
　　3.1.2　教員によるICT活用に関する実践研究…107
　　3.1.3　児童生徒によるICT活用に向けて…116

3.2 学校現場で役立つ教育メディアの開発 …………………………………118
　3.2.1 学校現場で広く用いられている教育メディア…118
　3.2.2 教育工学研究の成果が活かされて開発されたシステム…121
　3.2.3 児童生徒が用いるシステム開発の実際例…126

# 第4章　教育メディアの活用の課題と展望 …………………………… 148

4.1 実用化に関わる課題 …………………………………………………149
　4.1.1 実用化に関わる研究…149
　4.1.2 実用化のための条件整備…152

4.2 普　　及 ………………………………………………………………161
　4.2.1 普及過程のモデル…161
　4.2.2 日本型モデルの検討…165

4.3 展　　望 ………………………………………………………………173
　4.3.1 教育メディア活用を取り巻く社会の変化への対応…173
　4.3.2 実証研究の重要性…178

索　引…186

# 第1章

# 教育メディアの概観

近藤　勲

## 1.1　メディアの歴史

### 1.1.1　メディアの起源

　人間の歴史の中でメディアの起源は人間が集団生活を営むようになってから，個人相互，あるいは集団間の意思の疎通を図る時代まで遡る。もっとも単純な意思疎通の手段は表情，動作，発声である。しかし，発声（音声言語）は一過性なので記録・保存を望むとなると，絵や文字，記号（文字言語）の発明とそれを保存し伝える手段が不可欠になる。それには何らかの記録媒体が必要になる。古代エジプト時代にパピルスが発明されるまでは，石，獣骨，木片などが用いられた。ここまで遡らなくとも教育メディアの範疇では，J. グーテンベルク（J. G. L. Gutenberg）の活版印刷技術の発明（1445年頃）及び視聴覚教材の原典といわれる J. A. コメニウス（J. A. Comenius）の『世界図絵』（orbis pictus）（1658）が挙げられる。

　これは絵入りの百科全書的教科書というべきもので，絵と説明文が対応している。「事物の理解を先に，言葉による表現は後にする。」という原則である。彼は当時の言語主義（verbalism）偏重に反発して，人間の教育において感覚・知覚を活用することを主張した。感覚に訴える教育の原則は，その後，J. H. ペスタロッチ（J. H. Pestalozzit；1746-1827）らに受け継がれる。彼は，感覚的印象を受動的に受け取る能力にとどまらず，自立的に関連付けたり判別したりする能動的な認知活動にまで拡大し重視している。これは，現代におけるメディ

図1-1 世界図絵
▶世界最初の絵入りの教科書。1959年，ロンドン版より「学校」の項。

ア・リテラシー（media literacy）の概念にあい通ずる。

① 言葉の由来と概念

　我が国では，新聞，テレビなどのマスコミを通して，口語，表記ともにメディア（media；medium の複数形）が定着している。メディアという用語は極めて多義的である。音声言語や文字言語，画像や映像というシンボルを用いて情報を創り伝え再生すること，あるいはそれを創り伝え再生する物理的手段・もの，さらには放送局，新聞社のような機関・組織を包含・総称してメディアと呼ぶこともある。用語としてよく知られているのはいうまでもなく，テレビ，新聞，ラジオで代表される「マスメディア（mass media）」と電話，手紙で代表される「パーソナルメディア（personal media）」であろう。また，言語メディア，映像メディア，電子メディアという呼称も見られる。

　ところが情報通信技術の発達によって，従来のこれらの概念，定義及び境界が次第に曖昧になっている。なぜなら，スマートフォン（多機能携帯電話）で代表されるように1台の携帯型情報端末装置（PDA；Portable Digital Assistant）で多機能が統合・一体化されるようになったからである。例えば，電子メール，

電話機能のみならず，情報通信回路を通して個人が不特定多数へ情報を発信できる一方，逆に提供される多様なサービス情報のほか，テレビ放送や新聞記事さえ視聴できる。こうなると，従来の属性や機能別の指標では分類がしづらくなった。

1970年代後半から80年代後半にかけては，マスメディア業界で多用されたニューメディア（new media）のほか，コンピュータの発達に伴って機能的に実現したマルチメディア（multi-media）あるいはハイパーメディア（hyper-media）という用語が教育界においても普及した。教育界ではこの他，掛図や静止画及び動画など両者の機能の長所を並列的，時系列的に生かしたメディアミックス（media-mix）という利用概念が注目された。2013年の年初のある有力新聞には，10億人を超えるツイッターやフェイスブックなどのソーシャルメディア（social media）利用者のいる状況を指して，ビリオメディア（billio media）と称する提言まで見られる。1990年代から2000年代にかけては，アナログメディア（analog media）とデジタルメディア（digital media）という記録・再生の原理と概念の違いによる用語が多用された。

この他，一般に馴染みは薄いがメディアの専門分野では，M. マクルーハン（M. Macluhan 1964）の著書『メディア論』（邦訳：1987）に見られる「熱い（hot）メディア」と「冷たい（cool）メディア」という概念と分け方がある。前者はラジオ，映画であり，後者は電話で代表される。情報の精細度という概念を指標に前者は情報の受け手の参与の度合いが低く，後者では参与と補完性が高い。さらにシュラム（W. Schramm 1977）は著書『大きいメディアと小さいメディア』という概念と表現のもとで送受信者の規模，費用などを指標にする一方，利用場面における教育効果について言及し検証している。

② メディアの意義

前出のマクルーハンの著書の冒頭に「メディアはコミュニケーションである」という記述が見られる。人間の意識，アイディアを表出し相互に情報の共有と相互理解を促進させる。敢えていうなら所定の約束事に基づく記号，文字，音声を用いて構成されたメッセージあるいはその集合体を通して，価値観の同

表1-1 情報提示方法(モダリティ)と記憶保持

| モダリティ | 話しただけ | 見せただけ | 見せながら話した |
|---|---|---|---|
| 3時間後 | 70% | 72% | 85% |
| 3日後 | 10% | 20% | 65% |

出典:末武ほか(1973).

化・共有を目指す手段である。さらにいえば,人間の感覚(視覚,聴覚,触覚など)と能力(想像力,記憶力,創造力,認識力など)の拡張,開発と情緒や感性の涵養などを含め,人間の発達・成長を促進させる。つまり,知識の獲得であり共有,利用であり,さらには創造である。これらを人間の知的・情的活動と捉えると,教育そのものである。

1960年代の5歳児を対象にした研究知見では,知覚別による人間の情報入手源として,視覚が約83%,聴覚が約11%,嗅覚・触覚・味覚を合わせて約6%との報告が見られる。また,末武国弘ら(1973)の研究知見では,情報の提示方法(モダリティ;modalityという)と記憶保持についてまとめられている。

これらの知見から,メディア教育が視聴覚教育とほぼ同義語で使われてきた経緯が納得できよう。

③ メディア論とメディアの体系

メディアが研究の対象としてメディア論として議論され主唱される専門分野は,大雑把に分けると,次の4つに集約される。一つは,社会学,社会心理学,二つめは工学,三つめは教育学,四つめは心理学,生理学である。社会学などでは,メディアを社会事象の一つとして捉え,基本的社会過程のコミュニケーションの基礎概念として対人的な相互作用,個人と社会の相互規定関係に基づく象徴的相互作用(symbolic interaction)と捉えている。そのため,マスメディア並びにパーソナルメディアが概念及び対象の中核をなす。G. H. ミード(G. H. Mead ; 1863-1931), C. H. クーリー(C. H. Cooley ; 1909-), J. ハーバーマス(J. Habermas ; 1929- )らの考えが該当する。工学の分野では情報伝達という視点から送受信システムの過程を数理的モデルの根拠とする。例えば,シャノンの数理理論の中で情報量を定義し,情報伝達モデルを提唱したC. E. シャノン

(C. E. Shannon and W. Weaver 1967) が挙げられる。教育の分野では，教育活動（以後，教授・学習活動とそれらの過程を意味する）をより効果的に機能させるために，個人間並びに個人と集団を基軸とする人間関係，コミュニケーション，認知の発達という概念の対象が中核となる。既出のコメニウス，ペスタロッチなどの系譜に続いてJ. デューイ（J. Dewey；1859-1952），C. ホーバン（C. F. Horban；1873-1943），E. G.オルセン（E. G. Olsen；1908-2000），E. デール（E. Dale；1899-1983）らが挙げられる。

　我が国では彼らの著書あるいは留学を通して先駆的に研究を行った西本三十二（1964, 1965），波多野完治（1905-2001），高桑康雄（1929-2012），野津良夫（1974），中野照海（1930-），坂元昂（1932-2012），水越敏行（1932-）らが挙げられる。心理学，生理学の分野では，意識の基本性質として感覚質と形態質を区別し対比したゲシュタルト（Gestalt）心理学のほか，人間の行動理解と予測という視点から，認知，知覚，感情の発達，思考という概念が対象の中核となる。この分野は人間を個人並びに集団と見做して研究対象とする点で教育分野と重複する部分が多い。

　メディアの体系化として，体験という具象から抽象化への一般化がよく知られている。その代表的なものは，C. F. ホーバンら（Hoban at el., 1937）によって経験と抽象性の階層化が概念図で示されている。我が国ではこのほかE. デールの著書 *Audio-Visual Methods in Education : 1946* が有光成徳（1950）や西本三十二（1957）によって翻訳・引用され，図1－2に示すように具象物から抽象化への体系と普遍化を図解した経験の円錐（Corn of Experience）がメディア教育ではよく知られている。

　これらの体系化の発想は個々のメディア自体が単機能で存在する時代に分類されているため，多機能のメディアが開発され普及している今日では普遍的な類型化が難しくなっている。しかし，人間の認知・知能の発達に合わせ実体験から抽象度の高い順に階層化させるという本質は，J. S. ブルーナー（J. S. Bruner 1961）の認知発達の成長過程への研究で理論化され，今日でも十分通用する。まさに温故知新である。

「学習は,経験の一般化である」と定義し,もっとも直接的・具体的な経験から次第に抽象度の高いものへと11の段階に分類している。種々のメディアに対応させ,最終的に抽象度のもっとも高い言語的シンボルに至る。
この体系図に現在の多・高機能化されたメディアはそっくり対応させがたい。しかし,①直接体験から間接体験へ,②単純から複雑へ,③具体から抽象へ,④特殊から一般へ(普遍化)配列されており,メディアの学習活動への利用理念の真髄を示している。

図1-2　経験の円錐の表示

### 1.1.2　メディアの捉え方

　批判を覚悟で述べると,表1-2に示すように教育工学分野におけるメディア教育の研究・成果は,研究者の出身専攻分野によって,関心・視点・動機の重心が相異なるため,研究の目的・意図,アプローチ(研究手法)が多様である。出身専攻分野を概観すると,教育学系,心理学系,工学系に大別される。表1-2に示すように,教育学系では教育活動における教授・学習とメディアの関係が,心理学系では人間の知覚・認知・記憶など,心理的,生理的な反応・作用とメディアの関係が,工学系では人間の活動と関連付けたメディアの機能や開発が,それぞれ研究の中核であり対象である。既述したように,いずれも時代の変遷,社会の変容,科学・技術の進歩・発達に連動して価値観さえ変わる側面がある。

　我が国では,教育理念が1960年後半から1970年代にかけて,大きく変わった。それまでの思弁的,伝統的権威主義の教育理念から,教育の現代化,科学化が叫ばれ,行動主義思想を基盤に科学的手法で教育事象が分析され,客観性や実証が重視されるようになった。さらに1980年代から,人間は本来自ら学習する

表1-2 教育工学研究者の専攻背景とメディア研究

| 専攻分野 | 研究の中核・対象 |
|---|---|
| 教育学系 | 教育活動における教授・学習とメディアの関係 |
| 心理学系 | 人間の知覚・認知・記憶など，心理的，生理的な反応・作用とメディアの関係 |
| 工学系 | 人間の活動と関連付けたメディアの機能・開発 |

潜在能力を備えているという認知主義思想をもとに，教授から学習を重視する教育理念が台頭するようになった。この理念を体現する背景には，相互作用機能をもちいつでもどこでも何でも情報として入手できるユビキタス（ubiquitous）という概念が見られる。さらに学習者の特性と学習内容，学習方法との相互関係による適合性により学習効果が異なるという適性処遇交互作用（ATI：Attitude Treatment Interaction）の発想が実現される期待がある。この発想を支え，個別学習を可能したのは，多様で高・多機能なメディアの開発・普及である。ちなみに適性処遇交互作用については，L. J. クロンバック（Cronbach 1967）が提唱し，我が国への紹介には本学会初代会長の東洋（1968）が尽力した。

　さて，学問体系としての三者はいずれも個人あるいは集団としての人間を研究対象の中心に据えている点で共通している。専攻分野の背景が相互に異なるので，当然，価値観も異なるが，この異質と相異が教育工学研究者相互の視野を拡げ創造性を高める効果を生んできたと見做すことができよう。

① 手段としてのメディア

　情報を伝える手段，自分の考えを相手に伝え，相手から情報を受け，情報を創り出すなどの手段，つまり本来の意義に沿った目的と機能を利用する手段としてメディアを捉える。"必要は発明の母"と比喩されるように，有史以来，互いに遠く隔たった個人あるいは集団・組織の間で早く正確に情報を伝え合う必要性と願望は，常にあったであろう。この願望が情報伝達・創造の手段開発の原動力になったことは容易に想像できる。音声言語のように一過性でなく記録・保持のために文字言語が発明され，一定の約束ごと（文脈）に応じて記録するための手段・媒体として，紙が発明された。さらに大量に流通できるよう

に印刷技術が発明された。これに止まらず事物を見たまま忠実に画像・映像として記録させるためにカメラ，フィルム，印画紙が発明された。音声・音楽についても記録し保存するために録音・再生させる方法・技術が発明された。この場合，実用化に向けた技術志向は，音質や画質の良さ，つまり質の向上であり，記録が大量にできるという量の増大・拡大である。これに加えて実用段階では，安定した作動，機能の多様化と取扱いの容易さ（ユーザビリティ：usability），軽便さ，堅牢さ，効率の良さ，廉価などが普及要件となる。

　手段としてのメディアは，変遷の過程から容易に類推されるように科学・技術の進歩に依存する。例えば，無声映画が映像のフィルム媒体による記録からサウンドトラックへ録音が可能となり，有声映画が実現された。しかし，映像，音声のフィルム媒体への記録方式では消去や再記録ができない。これを可能にするため磁気テープ媒体が開発され，記録・再生・消去・再記録の利用循環が実現され，情報としての加工が個人の趣味としても可能になった。さらに映像，音声の品質である画質，音質を向上させるために記録・再生方式がアナログからデジタルへ移行した。

② 用途としてのメディア

　個人相互，あるいは個人と集団間の情報流通，つまりコミュニケーションの利用目的に応じて，メディアを分けることができる。教育向けのメディア，大衆娯楽向けメディアは用途としてのメディアの分類名と考えられる。教育向けメディアは，本来ならば唯一教授・学習活動のためのメディアであると狭義に捉えられがちであるが，以下に紹介する事例も見られる。

　ことばと概念としては，さほど広く流通しなかったものにエデュテインメント用コンテンツ（edutainment contents；education-entertainment contents）という用語と概念が見られた。これは，教育活動の中で学習をゲーム感覚で楽しみながら行うという意図であり，教育・学習活動に貢献する機能をもった形式を指す。ゲーム感覚で楽しんで遊んでいるうちに発想し，知識が習得でき，学習が成立するというのがねらいであり定義である。本来，映画，音楽，テレビ番組，テレビゲーム，マルチメディアソフトの多くは，一般に娯楽を目的にしながら，

例えば，史実をドキュメンタリ風にアレンジした内容や野生動物の生態や生息地の紹介などもあり，教育的要素を埋め込むことによって利用者は学習できる。

　ソフトウェア面からではないが，本来は日常生活や経済活動の利便性を向上させる目的で開発された携帯電話は，小型軽量で操作が容易になった上に多機能化した。したがって，携帯型情報端末装置（PDA）の機能を包含し，工夫次第で教育分野，例えば，野外学習における観察活動での利用が試みられ，有効であるとの報告も見られる。ちなみにインターネットは本来軍用目的のためにアメリカで1960年代から研究・開発された。1986年にアメリカ国内の大学など研究・教育機関への利用が認められ，さらに1995年に民生用に開放され，今日の"インターネット社会"と呼ばれる隆盛に至った。

③ 研究対象としてのメディア

　新しいメディアが開発・発明されると，従来のものとの優劣，特に教育利用の視点からは機能面からだけでなく教育効果の比較による内容面からの優劣が研究対象とされ，検証される。教育活動においてハードウェア，ソフトウェア（使用方法などを意味する，ユースウェア（use-ware）を含む）の面で新たな必要性が生じる。このような場合，例えば，ハードウェアについては兼備すべき必要な機能，ソフトウェアについては学習内容について新たに開発するか，既存のものを転用，あるいは改編することになる。コンピュータの教育利用の発展過程を概観すると，教育専用のために新たな技術で機器・装置・システムを開発するよりも，むしろ既存技術で機器・装置・システムや学習内容を開発する事例が大半を占める。

　例えば，既存技術の教育専用への転用事例として，単体としては実物投影機，電子黒板がある。全国的規模の事業としては，例えば，教育の情報化推進のため，通商産業省と文部省が共同で実施した「100校プロジェクト」が挙げられる。これは，1994年から年次計画で実施され，坂元らが参画した学校教育におけるインターネット利用の先導的研究である。この成果は，全国の学校にインターネット利用環境が整備される主要な根拠となった。これほど大規模な研究ではないが，教育工学の分野では，授業などにおける文字や画像・映像の再生

による学習効果などが研究対象として地道に蓄積されてきた。末武国弘ら（1973），清水康敬ら（1976，1981）は，OHPによる投映文字のサイズやレイアウトの適否や伝送画像・映像の適否などについて知見を提供している。学習ソフトの開発研究では，永野和男，堀田龍也らが関与した「e-Japan戦略」という国家プロジェクトの中で開発された学習ソフトの授業への利用効果が検証され，数々の知見が提供された。また，開発の動機や目的は，必ずしも教育活動に直結したものばかりでなく，娯楽，経済活動，行政などで利用するものも多い。例えば，一般大衆向け無声映画の場面を対象にして，情景と心理描写を文脈分析した生田孝至ら（1996）の異色の研究も見られる[(1)]。

映像・画像の記録・再生方式がアナログ方式からデジタル方式へ移行した際，画質の良さ，つまり解像度や安定度が人間の認知面，情緒面，行動面から知的発達段階に応じて，どのような差異が見られるかが研究対象になった。利用面からの研究では，画像・映像の提示の順序性や文字・音声による説明の有無による学習内容の定着度や教育目標の達成度が挙げられる。坂元昂，水越敏行，清水康敬，生田孝至らが行った研究が代表事例として挙げられる。それより以前の事例では，放送教育分野における先駆的議論として，西本・山下論争（1958～1959）[(2)]が有名である。

### 1.1.3 メディアの変遷

メディアの変遷を教育利用形態の歴史的経過としてみると，4つに大別できる。最初は文字情報の伝達形態を発声のほか，口伝，板，紙への手書きなどと媒体を変えることであり，二番目は画像・映像・音声などの記録，再生による情報提示方法の発達を利用して一斉多人数教育を実現することである。三番目は，個性，個人を尊重する個別学習形態の実現であり，四番目は個別・多人数教育の別なく居ながらにして学習できるバーチャル環境の構築である。これらは科学・技術の発達と同期していることを概観するため，インターネットの民間への解放までを例に表1-3の一覧表に示す。

映画が教育利用で注目されたのは，1920～1930年代のヨーロッパであるが，1940年前後にはアメリカで新兵の銃操作訓練に映画が使われたと言われる。録

第1章 教育メディアの概観

表1-3 メディアの発達と科学・技術の概要

| 年代 | 概要 | 機能・特徴 |
|---|---|---|
| 9世紀 | 木版印刷の発明 | |
| 15世紀中頃 | グーテンベルグによる活版印刷の考案 | 知識・情報の飛躍的な伝達 |
| 1830年 | 銀板写真（タケレオタイプ）の発明 | 人物・景色の静止画記録 |
| 1877年 | エジソンによる蝋管レコードの発明 | 音声の記録・再生（録音） |
| 1891年 | エジソンによるキネトコープの発明 | 動画の記録・再生（無声映画） |
| 1896年 | リュミエール兄弟によるシネマトグラフの発明 | |
| 1898年 | ヴォルデンワールによるワイヤーレコードの発明 | 音声の記録・再生・消去 |
| 1901年以降 | 有声映画（トーキー）の出現 | 音声・音響付映画 |
| 1920～1930年代 | 注目された映画教育（ヨーロッパ） | 娯楽から教育へ利用拡散 |
| 1940～1950年 | 磁気テープによる音声の記録・再生 | テープのほか、シート、ディスク状媒体への録音・再生 |
| 1970年代前半 | パーソナル・コンピュータ（パソコン）の出現 | 専門家の独占物から大衆へ |
| 1979年 | 米国でのレーザーディスクの製品化 | デジタル方式の再生と記録容量の飛躍的増大 |
| 1986年 | コンパクトディスク（CD）のソニー、フィリップスの共同開発開始 | 音声・映像・データの記録・再生 |
| 1989年 | アメリカ国立科学財団（NSF）によるインターネットの教育機関への開放 | NSFNETへの教育機関の接続 |
| 1995年 | インターネットの商業化完了 | 民間機関によるインターネット利用サービスが定着 |

音・録画とその再生については，いずれも当初は記録方式がアナログ方式（analogue mode）である。レーザー光の反射を応用した光媒体，例えば，レーザーディスク（laser disk）が実用化される際，記録，再生の動作原理としてデジタル方式（digital mode）が用いられ，パッケージ系メディアとして次第に主流を占めた。その中で時代の寵児となるのが科学計算用のコンピュータである。1970年代までは専門家の独占物と見做されていたが，操作の容易性，小型軽量化，大量生産，廉価が実現され，個人が所有し操作できるよう親和性（ユーザビリティ）が向上した。さらにコンピュータが産業界中心に実用化され始め，産業構造を変えるまでになった。
(3)
1980年前後からパーソナル・コンピュータ（personal computer；以下パソコンという）が普及し始め，教育分野ではCAI（computer assisted/aided instruction），CMI（computer managed instruction），ML（Music Laboratory）が「プログラム学習」などの新しい教育理念のもとで教育システムとして注目された。しかし，

当時は1台1台が孤立したスタンドアローン（stand alone）という利用形態が主流であったが，1990年代にインターネットが民生用に定着すると情報通信手段と用途が一変した。e-ラーニング（e-Learning）という用語と概念が出現し，学習教材，学習評価，指導助言などの配信だけでなく，受講者から課題レポートなどの電子ファイルによる提出，質問が送信できる双方向通信機能を兼備するようになった。高機能化により，従来は対面授業が当たり前であった学校機能そのものまでもインターネット経由で運営される通信制大学が2006年度に認可された。

　パソコンが高機能化され多様で利便性の高い専用ソフトウェアが本体に同梱（プリインストール）され廉価で市販されるようになると，単なる科学技術計算や制御の道具から学習や発想・表現・通信の手段・道具として位置づけられるようになった。一時期，文章作成専用機としてワードプロセッサー（word processor；通称：ワープロ）が多用されたが，パソコンソフトでそれ以上の機能が実現されるようになると，急速にワープロは衰退し生産停止された。

① 科学・技術との関係
　一般にメディアの発達・発展は，科学・技術と不可分の関係にある。複雑な現実社会の事象・現象における科学・技術の発達・発展と人間の意識改革・社会改革との関係の循環性を T. S. Kuhn（1962）はパラダイム（認知的枠組み）論でまとめている。図1-3に示すように科学・技術の発達・発展の過程において，社会の事象・現象が現在のパラダイム論で説明できる安定した期間から次第に適合しない事態が頻発するようになると，新たなパラダイムが求められる。つまり，既存のメタファ（metaphor：常識的比喩）や社会モデルが通用しにくくなると，それを克服しようとする新たなパラダイム論が創出される[4]。例えば，コンピュータが専門家の専有物的存在であった時代から，パソコンと略称されインターネットを通して名実ともに個人で自在に情報の発信・受信ができるようになった。それに伴い学習活動の制約が軽減されると，新たな学習モデルが創生され，その事態を科学的，理念的に説明しうる新たなパラダイムが構築される。つまり，パソコンが計算処理用道具から知的道具ともいうべき思

```
旧パラダイム→安定期→不安定期→新パラダイム→再安定期→‥‥‥
```

図1-3　新旧のパラダイムと社会変革の循環的関係

考・発想などの学習手段・道具として，教育メディアに位置づけられるようになった。この時期と行動主義に基づく教育論から認知主義に基づく学習論へと移行した時期とは，ほぼ軌を一にしている。教育工学分野では，菅井勝雄（1993）が学習論の変遷と合わせて啓発に努めた。

　さて，教育メディアとしては，教授・学習ソフトなどを除いて，それらを再生利用するための専用機器・装置の開発事例はさほど多くない。しかし，教育工学会設立以前も含めた学会誌等の研究論文表題には，1970年代から今日まで連綿と続いている。但し，1990年前後から「マルチメディア」「ハイパーメディア」の表記が目立つようになり，2000年以降には，教育メディアの教授・学習内容の開発・利用研究で「教授／学習コンテンツ」という表記が多用されている。その後，ハードウェアとソフトウェアを包含した概念として ICT (Information & Communication Technology) という用語が，教育メディアの開発・利用を指す同義語として多用されるようになった。このように用語・表記の変遷は，機器・装置が単独で存在し機能していた状況から，複数の単体を組み合わせて所要の機能を得るシステム化を経て，さらに単体で複合・高機能に至る発達過程と同期している。つまり，科学・技術の進歩に依存し，情報ネットワークの普及，高速化で代表される社会基盤整備と社会現象が背景にある。

ⅰ）形態面の変遷

　教育メディアに限ったことではないが，形状についての技術志向は，一般に小型・軽量化であり，存在形態が単体から分散処理システムなどのシステム化へと向かう。最終的には時空間の制約を解消させるグローバルなネットワーク化へ至る。利用形態は，一斉集団利用から個別・個人利用へ分化し，多元・多様な利用へ向かうことを変遷史は示している。これは1953年から定期放送され

たテレビの機能と普及の過程によく似ている。機器・装置の形態が小型になるためには所期の機能を発揮させるための構成要素，例えば電子素子が小型，軽量になり，その上，所要の機能の向上が不可欠である。歴史的には真空管からトランジスタへ，さらに集積回路（integrated circuit）へ進歩し，「ムーアの法則」が示すように科学・技術の進歩と相俟って，性能の向上と共に集積度は一層高く，かつ廉価になった。

　教授・学習活動のため教育メディアを利用するに当たっては，手軽に持ち運びしやすい小型・軽量化に加え廉価が必須である。但し，装置・機器の用途によっては，多機能，性能の高度化に応じて大型化された液晶ディスプレイのような事例もある。ちなみにコンピュータの形態による分類の変遷を見ると，マイクロコンピュータ，ミニ・コンピュータ，小型コンピュータ，中型コンピュータ，大型コンピュータ，スーパーコンピュータという呼称があった。パーソナル・コンピュータの出現によって，この種の分類用語はスーパーコンピュータを除いて，現在ではほとんど死語となっている。また，外部記憶媒体であるフロッピーディスクは，当初，直径が8インチであったが，5インチになり，さらに2.5インチと小型になった。一方で磁気ディスクから光ディスクに記録方式が変わり，記憶容量は飛躍的に増大したが，今日では市場で見ることは稀である。代わって半導体メモリと総称される USB メモリや SD メモリが普及しているが，近い将来にはまた新たな記憶媒体が発明されるであろう。

ⅱ）機能面の変遷

　教育メディアの機能として，画像・映像・音声の記録・再生は不可欠である。例えば，歴史的にハードウェアの面から見ると画像・映像の記録にはカメラが，再生にはフィルム媒体に幻灯機と呼ばれたスライドプロジェクターや映写機など，光学系機器が用いられてきた。音声の記録・再生の媒体には磁気テープがオーディオレコーダに用いられたが，画像・映像についても記録，再生，消去が可能なため，ビデオレコーダにも用いられた。記録・再生方式については，アナログ方式が長年採用されてきたが，情報通信技術の進歩によってデジタル方式が主流を占め今日に至っている。記録・再生媒体は集積回路メモリ（IC

メモリ：Integrated Circuit Memory）の開発によって記録容量が飛躍的に増大し，形状もテープやディスクからチップと呼ばれる形状に小型・軽量化された。映画媒体も従来のアナログ方式のフィルムやビデオテープから，今日では高密度大容量記憶が可能な光ディスクの DVD（Digital Versatile Disk）へ漸次移行し，パッケージ系メディアが全盛期を迎えている。

　一方，教育理念の変化に基づく教授・学習形態として，一斉集団学習方式から個別学習方式が重視されるようになると，相互作用機能の必要性が一層高まった。現実には，学習ソフト作成の段階で学習理念はもとより，その学習意図や学習内容に合わせて教授・学習方略を組み込めば容易に実現される。形態面での変遷と同様に機能面の技術志向については，映像・音声情報などの選択や操作が容易で，かつ，安定な作動が保障され，機能速度の高速化と単機能から多機能化へ向かう傾向にある。利用者の意図や必要性に応じて，あらかじめ用意された映像情報などを自在に選択し再生視聴できる機能は，オンデマンド機能（On-Demand）として注目され実用化が図られた。

ⅲ）複合的形態の変遷

　一般に変遷の方向性は，単機能の単体で存在する機器・装置が，複数の機能をもつことを歴史は示している。用語として，オーディオ（audio）とビデオ（video）はラテン語から由来しているが，前者が"音"を，後者が"映像"をそれぞれ意味する。テレビジョン（television）は遠方を意味する"tele"と，視覚や視界を意味する"vision"の合成語である。

　娯楽を目的に発明された映画も当初は映像に限定されていたが，フィルムにサウンドトラックを設け，光の透過度で音声が記録できるようになると，無声映画から有声映画に進化した。音声の記録・編集・再生には媒体として磁気テープが用いられたが，映像も磁気テープに記録できる方式が開発されると，ビデオテープ（video tape）に映像と音声を同時に記録でき，再生できるようになった。本来，単体・単機能で存在するオーディオレコーダに教育的専用機能を組み込んだ代表的なシステムとしては LL（Language Laboratory），ML（Music Laboratory）などが挙げられる。1970年代から1980年代にかけて国立系教員

養成大学・学部に教育工学センターが付設され，十数大学に CCTV (Closed-Circuit Television System) と呼ばれる装置が設置された。これは大学の授業において付属学校の授業を実時間（リアルタイム）で参観，あるいは録画するため，専用ケーブルを敷設したシステムである。発想は，現在のテレビ会議システムに通ずる。

② 人間との関係

　教育メディアが人間の成長過程の教育（教授・学習）活動に用いられる以上，人間との関係，つまり個人あるいは集団を対象に論じられる。しかし，いうまでもなく人間は外見が十人十色異なるように，内面的なことも一人ひとり異なる。性格，資質に基づく個性をもち，生育環境，思考過程，価値観，学習スタイルなどが異なる。この内面的異質さこそが互いに切磋琢磨し刺激し合って相乗効果を発揮し，個人のみならず社会集団としての機能や能力を高める可能性の根源である。個人であれ集団であれ，ある意思，つまり目的，目標の設定とその実現において，人間関係の構築や集団形成の過程でコミュニケーションは不可欠である。対面コミュニケーションが困難あるいは実現できない環境のもとでは，通信機能をもったメディアを援用し，映像，音声，文字，図表など，シンボルを仲介したコミュニケーションが代替手段として用いられる。

　人間は生得的，後天的に本来の知覚が十分機能しない場合でも，メディアの援用によってある程度不利を補完し克服している。例えば，教育工学会草創期にすでに上月節子（1986）による心身障碍児のテレビ視聴時の生理的，心理的状況を検証した研究が見られる。パソコンの利用事例では，視覚障害やディスレクシア（dyslexia）と呼ばれる読字障害があっても，テキストの音声読み上げ機能を付加することによって容易に聴取し理解できる。また，弱視障害の場合は，表示文字（テキスト）の大きさを拡大して見ることができる。反面，個人ごとのメディアの活用能力あるいはその環境差が情報入手・発信の格差（digital divide）を生むという事態が個人間だけでなく，地域間，国家間にも見られる。途上国における教育メディアを含む広義の教育格差については，世界規模の協力組織，例えば，ユネスコや世界銀行あるいは先進国の政府組織，例

えば，我が国の場合は日本国際協力事業機構（JICA：Japan International Cooperation Agency）が人材育成並びに財政支援の両面から解消に努めている。

i）器官・知覚との関係

　知覚（perception）は，いうまでもなく人間が内外環境の状況や変化を知る機能である。光は網膜，音は蝸牛などの感覚器による刺激受容から刺激特性の処理，人それぞれの解釈を含む一連の内部的処理過程を経た産物と言える。つまり感覚生理過程を基に人間の欲求，感情，意思などの個人的要因や記憶，学習機能，さらに刺激の物理的特性や社会的意味も含めた幅広い環境情報の受容機能である。知覚の成立とは，生理的には生体への物理的エネルギーによる質的，量的刺激によって反応が生じる現象を指すといわれる。

　例えば，光として知覚する可視光（約380～760 nm）の波長と強度は，感知しうる最小刺激量が刺激閾（stimulus threshold）としてほぼ決まっている。音については，個人差・年齢差などで多少異なるが可聴周波数（audio frequency）と呼ばれる振動範囲（約20～20000 Hz）が知見として得られている。生理学や脳科学では，知覚の生理的メカニズムが化学反応，電気反応として神経回路網，脳神経細胞レベルで人間の思考・行動と関連づけて研究が続けられている。

　日常生活の中で視知覚の諸現象は，研究知見や経験的成果として活用されている。また，最近の測定技術では，生体外から個別に与えられた刺激に対し，脳が反応し活性化する生理反応の一つとして，例えば血流や微弱電気信号が変化する部位が特定できる。絵画技法として，よく知られている遠近法は遠くのものは小さく，近くのものは大きく見えるという視知覚の恒常現象を利用している。映画やアニメの1フレーム（コマ）ごとの静止画像は一定の時間・空間関係であたかも動いているように視知覚される。この現象は運動視の一つであって，仮現運動と呼ばれる。赤と青の2色眼鏡を用いて映画やテレビ画面を立体視できる現象はよく知られ，映画では1950年代から，テレビでは3D機能付き（three dimensions）と銘打って2009年頃に市場に出た。この立体視現象は，目の神経生理的機能による生理的要因と視空間の刺激附置の心理的要因による奥行知覚（depth perception）に起因すると言われている。

ii）心理・認知との関係

　人間の成長（growth）・発達（development）の過程についての知見は，心理学や教育学の分野で多く見られる。一般に発達過程の方向性は，人間関係を含めた環境との相互作用・交渉を通して心身両面において，機能や器官が未分化から統合へと向かう。例えば，幼児の認知発達過程で見られる知覚と情緒が未分化な相貌的知覚（physiognomic perception）や感性領域間の未分化に起因すると言われる共感覚（synesthesia）が挙げられる。音と色調の感覚領域の混同による色聴現象（colored hearing）は，大人にも散見されるが幼児に頻繁に見られるという。認知機能に注目して発達段階の知見をまとめた J. ピアジェ（J. Piaget 1956），情意機能の発達段階を提唱した E. H. エリクソン（E. H. Erikson 1959），現実の社会での経験を通して発達段階に応じた学習課題があると主張した R. J. ハヴィーガースト（R. J. Havighurst 1953）らの研究知見が参考になる。認知発達の過程は，量的・質的変化を伴う知覚の発達により，事象の客観的で分析的な方向へと向かう。教育活動に伴う学習内容（コンテンツ）の開発・利用に当たっては，これら人間の発達過程や知的行動の知見も考慮することが求められる。

iii）相互機能と相互作用

　教育（教授・学習）活動・過程は，改めて言うまでもなく個人と個人，あるいは個人と集団・社会との相互関係で成立する。前者では子ども同士，子どもと教師・親が，後者は子どもとクラス・学校・地域社会の人たちなどの組み合わせが考えられる。いうまでもないが，社会化（socialization）・個別化は道徳性も含め社会・文化環境の中で習得される。学習過程を例にとると，観察学習やモデリング（modeling）は対象との相互作用あるいは同一視で成り立つ。例えば，教育工学会黎明期にテレビ番組の場面と情意の対応関係を検証した織田守矢ら（1983）の研究が見られる。この他，交通ルールの学習において園児や小学校低学年児童では，運動場などで横断歩道や交差点を想定した模擬的環境で体験学習を行う。抽象的思考が可能となり始める高学年以上では，テレビなどを用いて専用ソフトなどを再生視聴し疑似体験させることが行われる。実際

の試合やテレビ放映を通してスポーツ選手の活躍に憧れ，スポーツに意欲を燃やすこどもたちの実態は，大人にも共通した現象である。

　映像認知論的学習論では相互作用や相互機能は不可欠である。学習内容・意図・方略によって異なるであろうが，学習コンテンツの機能には，学習素材や学習内容の精選が不可欠なことはいうまでもない。その上で，例えば，学習内容の提示にあたって，学習者の反応に学習コンテンツから応答する機能は，学習意欲の継続・促進作用を誘発させる効果がある。例えば，オンデマンド機能や検索機能は，利用者が大量の映像情報からもっとも必要な情報を効率よく選択し入手する上で有効な機能である。

### ③ 社会との関係

　技術革新により社会が進歩する過程において，図1-4に示すようにデマンドプル（demand-pull）とテクノロジープッシュ（technology-push）[6]という概念がある。技術革新において，前者は，社会活動に必要とされる需要，要望が潜在することが，後者は，既存の技術，システムを活用しようとする動機が改善，改革の原動力になることを意味する。すでに紹介したようにアメリカにおける1960年前後から始まった教育の科学化，現代化を促進させる教育改革の潮流は，スプートニックショックが契機と言われる。行動主義教育観に基づく多様なプログラム学習方式が提案され，視聴覚機器や多くの専門知識・技術を要するコンピュータまで援用して試行され，その成果が注目された。

　かつてCAI，CMI，CCTV，RA（Response Analyzer），LLなどが教育用システムとして注目されたが，汎用のコンピュータやビデオカメラ，ビデオレコーダ，オーディオレコーダなどが合目的にシステム化され教育用に転用された事例である。通信教育，遠隔教育の範疇では，本来，前者は通常の郵便制度を利用したものであり，後者は放送大学で代表されるように通信系メディアとして，通信・放送システムが利用されてきた。

　1980年代後半になると，情報通信技術IT（Information Technology）のさらなる進歩・発展がコンピュータソフトウェア及びネットワーキングシステムの共有・共用を実現させた。この利用理念として，グループウェア（groupware あ

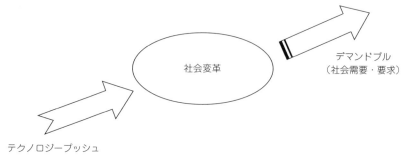

図1-4　社会変革の原動力の概念図

るいは collaborative software）が提案され，企業活動等で重視されるようになった。この理念の実現を通じて，情報共有とコミュニケーションの効率化を目指した情報通信ネットワークによる共同・協調作業を研究する学際的分野という発想と概念が生まれた。例えば，新たな知識・技術の習得システムとして，CAL（Computer Assisted Learning）が，また，分散した専門家グループの発想・知識・技術を統合し一体化させ課題解決を図るシステムとして，CSCW/L（Computer Supported Collaborative Work/ Collaborative Learning）が提案され実用化が進められるようになった。これらは企業教育・活動のみならず，学習支援システムとして高等教育の分野でも注目された。

　2000年以降には，e-ラーニングという用語とその実用化が図られた。これは学習教材配信機能だけでなく学習経歴や評価機能などを含む学習管理機能である LMS（Learning Management System）と呼ばれる統合機能のほか，随時，指導助言を行うためコミュニケーション機能を備えた通信制教育システムが兼備されている。大学設置基準の規制緩和という制度改正（2001年）があり，大学卒業要件単位すべてを遠隔授業で取得できる，いわゆるピュア e-ラーニング（pure e-Learning）による大学が設置されるまでになった。これは教育分野で科学・技術の進歩が学校教育制度を変えた象徴的な事例と言える。また，生涯学習（Life-Long Education）[7]の概念とその実現，並びに知識基盤社会の必要性とその実現についても，メディアの進歩・発展が背景にある。

ⅰ）メディアの科学技術論

　メディアの開発は，科学・技術の発達とほぼ同期している。情報の伝達，創造の目的と意図のもとで，モード（チャンネル）としては，言語（音声，文字），画像，映像であり，形態的，機能的側面では，大型・重量化から小型・軽量化へ，さらに単体，単機能の分化から，使いやすさ（ユーザビリティ）を伴って，統合と多機能へと向かう。性能面では，高速・圧縮を伴って質的向上と量的拡大を目指す。例えば，映像・音声の品質の改善，記録容量の増大・拡張は，従来のマスメディア，近年のソーシャルメディア（social media）と呼ばれる類のメディアの実態を見ると，科学・技術の依存度がいかに大きいかを実感できよう。時間，空間，対象を超越したテレビによる国内外の臨場感に満ちた映像ニュースをはじめ，ツイッターやインターネット動画共有サービスであるユーチューブなどを利用した不特定多数からの投稿活動を含む反応が端的に示している。以上述べたことを科学技術のメディア開発の方向性として集約したものが，表1-4である。

ⅱ）メディアの社会文化論

　メディアの発達は情報の円滑な創出・伝達によって老若男女，人種，地域，国の違いを問わず情報の共有を促進し，個人あるいは集団の価値観や思考並びに行動様式や合意形成などに大きな影響を与えている。また，従来のメディアの分類区分であるパーソナルメディア，マスメディアの概念は，ソーシャルメディアの出現によって再考が迫られている。かつてメディアの社会的影響の大きさを「ペンは銃より強し」と比喩されたが，今やメディアが政治，経済，産業，教育など，それぞれの領域の動向を左右するまでになった。その上，従来は"所有物の量の多寡"による貧富の差が，昨今ではそれに加えて情報格差（digital divide）が社会問題になっている。さらに，ソーシャルメディアによるポジティブあるいはネガティブキャンペーンによる世論操作・誘導の危険性さえ指摘されている。それゆえ，学校教育では，個性の確立・尊重に合わせ，社会に対する洞察力を高め健全な社会の発展に寄与する批判的思考力（critical thinking）[8]やコミュニケーション能力などの育成がより一層重視されるように

表 1-4　ハードウェアから見たメディア開発の方向性

| 比較項目 | 初 期 試 行 期 | 実 用 成 熟 期 |
|---|---|---|
| 形態的側面 | 多種単体電子回路によるシステム化<br>多種大型化<br>スタンドアロン | 高密度集積電子回路のシステム化<br>小型軽量化ネットワーク化 |
| 機能的側面 | 単機能と一方向性機能 | 高・多機能と相互作用機能 |
| 利用的側面 | 操作の難解性による専門家の独占化<br>多人数一斉利用<br>行動主義論に基づく教育論 | 操作の親和性による大衆化<br>個別の随時利用<br>認知発達論に基づく教育論 |

なった。

　従来の社会制度で成り立つ実社会と科学技術の急速な進歩を背景に成り立つサイバースペース（cyber space）と称されるインターネット社会が相互に影響し合っている。個人の情報収集・流通に依存するメディアの種類によって世代間の行動様式が異なるといわれる。物流にとって代わり，依存するメディアの種類によって若者文化が創造され流行するという社会現象が見られる。

　しかし，メディアの活用を通して新たな文化の創造や社会制度の改善・改革が進む一方で，インターネットを中心に通信系メディア独特の犯罪の増加が社会問題になっている。世界規模の"サイバーテロ"（cyber terrorism）を含む"インターネット犯罪"（internet criminal）という新たな用語と概念を生み出している。匿名性やハンドルネームを悪用した迷惑メール，ツイッターなどを通して無責任な情報提供，誘惑，誹謗中傷などは身近に見聞するであろう。

　人間の性善説を前提に成り立っているインターネット社会の脆弱性を突いて，信頼性を根底から覆すような危険を内在した不法な行為から個人を守る意識の醸成，社会制度の改善・法整備が急務である。それがゆえに学校教育で実施される情報教育の中で情報倫理は，もっとも重視される課題に位置付けられるようになった。つまり個人が被害者になるだけでなく，意思の有無にかかわらず加害者になることを未然に防止するための規範意識の育成が不可欠である。教授者，学習者の立場を問わず教育メディアの利用にあたって，著作権を侵害するような行為は厳に避けるべきである。これらの行動規範意識は，メディアリテラシー（literacy）の主要要件の一つとして，また，共通の権利として公平・

公正に習得される必要があり，その学習の場としては学校教育がもっともふさわしい。

## 1.2 教育メディアの定義と機能

### 1.2.1 教育メディアの定義

本書の冒頭の執筆目的の中では，坂元昂による教育工学の定義を引用し，その中の記述にある教育情報を含めた「教育媒体」が該当するであろうと述べた。つまり学校教育を強く意識し，教育活動（教授・学習）への利用を目的にした教授・学習内容とそれを創造・再生させる機器・装置の両方を含めた概念であると考えられる。教育工学を視聴覚教育分野から先導した中野照海ら (1987) は，「人の学習を支援する一連の学習状況，または授業状況を具現化するものをメディア」と，定義している。両者とも意図する概念，定義はおおむね共通している。

すでに述べたように教育メディアについては，社会の時代背景として，教育理念，価値観（教育観・学習観）などに基づく教授・学習方略，さらに利用目的，利用者，利用場面などが，内容の企画段階で検討される。そして，利用者である教授者と学習者，あるいは学習者間の相互作用を前提にメディアとしての機能が付加される。対象領域としては，従来の分類項目で分けられた学校教育，家庭教育，社会教育の3領域に対し，教育工学における研究対象領域としては，学校教育，企業教育，生涯教育（学習），国際理解教育などが挙げられる。

以上，概観したように教育メディアの定義は，その時代における教育観を背景に科学・技術の進歩とも密接に連動しており，一元一義的に規定するのは極めて困難である。敢えて定義を試みるなら，教育メディアは2つの性格をもつ。一つは，本来的でなくともメディア (media) が人間の主要な営みの一つである教育活動（教授・学習）を合目的に達成させる学習内容（コンテンツ）と教授・学習方略 (instruction/learning strategy) を含む。二つめは，教育活動を認知的，心理的，行動的に容易にする環境づくりに利用される手段・道具

(means, ways) やシステムを指す。

　教育メディアの対象領域としては，高等教育を含む学校教育と考えがちである。しかし，情報寿命が次第に短縮され，知識・技術の更新頻度を高めるために不可欠な教育活動となると，企業教育，生涯教育（学習），国際理解教育など教育活動に関わるあらゆる領域が対象となる。まさに知識基盤社会（knowledge-based society）[9]と呼ばれる所以である。文化伝統に加え，新たな知識・情報・技術の創造とその円滑な伝承・普及のために，教育メディアの研究・開発の重要性は，今後ますます増大するであろう。

　なお，今まで述べてきた概要をメディアと学習との関わりとして，教育工学の立場から，9つの視座で簡潔にまとめた赤堀侃司（1997）の提案を表1-5として（以下）に再掲する。

表1-5　メディアと学習の関わり

| 社　会 | 対　象 | 研究の枠組み | 研究目的 | 方法論 |
|---|---|---|---|---|
| 工業社会 | 製品 | システム思考 | 結果の効率化 | 要素の分解 |
| 情報化社会 | 知 | 情報処理モデル | 過程の解明 | 構造化 |
| ネットワーク社会 | コミュニケーション | 社会的相互作用 | 社会との関係 | 統合化 |

| 研究方法 | 学習メディア | 学習上の課題 | 日本の学校教育 |
|---|---|---|---|
| 実験計画的<br>論理的 | 視聴覚機器<br>プログラム学習 | 教員の主導<br>学習の固定化 | 教育内容の現代化<br>教育方法の科学化 |
| プロトコール<br>履歴分析 | CAI／CAL<br>ハイパーメディア | 開発のコスト<br>カリキュラムへの位置づけ | 学習の個別化<br>自己教育力 |
| プロトコール<br>質的研究法 | 学習環境（CSCW等）<br>インターネット利用 | 情報倫理<br>カリキュラムへの位置づけ | 生きる力・総合的学習<br>地域・家庭の教育力 |

出典：赤堀（1997）．

① 教育メディアとメディア一般

　教育メディアといわゆる一般メディアの違いは，メディアという機能面からは基本的に同じであると考えられる。しかし，体系付けとなると，教育メディアはメディアの下位概念に位置付けられよう。但し，狭義には，前者は利用目的，利用対象が教育活動に限定され，後者は利用目的がある程度限定されるも

のの基本的には汎用性に富み，対象は不特定多数である。教育目的となると，一般には高等教育を含む学校教育に限定されると狭義に受け取られるかもしれないが，今日の教育工学の研究対象としては，生涯教育，企業教育，国際教育も主要な研究領域である。

　すでに述べてきたように20世紀後半以降，科学・技術の進歩・発展，とりわけ情報科学・情報通信技術のめざましい進歩・発展により，ソフトウェア，ハードウェア両面から斬新なメディアが次々と誕生している。例えば，すでに述べたソーシャルメディアと称される新たな名称，概念が挙げられる。このため，従来のメディアに対する常識，概念，定義，属性では対応しきれない現実に直面している。この社会的背景のもとで社会の情報化，産業構造の変化に伴う価値観の多様化と意識改革，さらに人間の長寿化並びに知識更新の短縮化，いわゆる知識基盤社会の実現により，生涯学習（教育）の重要性が認識されるようになった。こうなると，今まである程度概念が定着した社会教育は，各人の自立的主体性が不可欠の学習という概念へ拡大される。学校教育，家庭教育，社会教育の3領域が長年にわたり定着していたが，今日では，生涯教育が家庭教育，社会教育，さらには資格取得などを含む企業教育までを包含する概念となる勢いである。

② 教育メディアの独自性
　一般メディアと教育メディアは広義には本質的な違いはない。狭義には，教育メディアは用途別メディアの分類体系において，教育観（教授観，学習観），教材観に依拠しながら，教育活動に関わる利用目的・意図，対象などの面で限定的な条件と側面をもつ。その上，音声，映像の品質以上に教授・学習過程における体系化と教授・学習内容，つまりコンテンツの適切さがより重視される。例えば，テレビ番組では作成・編成意図と実際に媒体を通して提供される情報・内容の適切さは必須要件であるが，提示・放映時間の厳守・厳正さ並びに音質・画質の品質が同等に重視される。そして，番組内容の編成方針として説明的である傾向が強く，一つの番組を視聴すれば，ほぼ番組の意図・内容などの全容が分かるという，いわゆる"まるごと提供"という傾向が一般的である。

一方，教育メディアは一般メディアと同様に音質・画質が良好なことが求められるが，それ以上に利用者（教授者並びに学習者）の目的・期待に合致している内容（コンテンツ）と方法・環境への適合性がより重視される。教育メディアの場合，利用者の学習意欲を昂進させようとする意図が根底にある。このため，学習情報として"丸ごと提供"するよりも利用者の認知発達や学習意図や学習スタイルなどを前提に新たな発想や学習意欲を触発させるよう構成される。

　内容について事例の概要を挙げると，教育が人間形成を目指す教授・学習活動とし，それを通して達成されるべき目標の大要を3つの次元から体系づけた一つが，表1-6に示すB. S. ブルーム（B. S. Bloom 1956）の教育目標分類体系（Taxonomy of Educational Objectives）である。なお，品質，内容とも制作企画・目的を充足しても，教授・学習過程での利用場面と展開並びに利用意図の適否が利用効果を左右することも考えられる。さらに理想的な学習ソフトであると評価され，かつ，利用場面や時期が適切であっても，それを利用する学習者の適性並びに学習集団の中での教授者と学習者あるいは学習者間の人間関係などが評価に影響する要因になりうる場合もある。

　このように輻輳した要因が学習ソフトの評価，利用効果に影響することが予想される。換言すれば，教育メディアの利用効果に関与，あるいは影響する要因は，学習内容や利用技術以上に人間的要因が大きく影響する事態が考えられる。能力，興味・関心，学習履歴，学習意図，性格，価値観などが相異なる学習者に個別あるいは集団に対応でき，かつ体系づけられた教授・学習内容とその方略を選択できる両方を満たす教育メディアの開発・提供は，それほど容易でない。それを内容，機能面で補完するのが教育観，教材観，学習指導力を含め教師の力量であり，教師にメディアリテラシーが求められる所以である。

　授業運営場面を想定すると，教授・学習指導の形態面で長い歴史をもつ一斉集団指導は，認知主義学習観が主流になっている今日の学校教育でも，今なお基本の学習形態である。しかし，実際の授業場面における学習形態は，板書やパッケージ系の専用学習ソフトを援用して一斉集団学習指導の形態をとる一方，随時グループあるいは個別に課題学習に取り組む。学習目的や課題を明確にし

表1-6 教育目標の分類体系（B. S. Bloom）

| タキソノミーの主要次元 | 領域の概要 |
| --- | --- |
| 認知的領域（cognitive domain） | 知識の獲得・理解・再生や知的能力発達に関するもの |
| 情意的領域（affective domain） | 興味・関心・態度・価値観など適切な判断などの育成に関するもの |
| 精神運動的領域（psychomotor domain） | 身体すべてに関わる技能的発達に関わるもの |

学習の見通しをもって，学習者自身が達成感を得られるよう，学習者の実態に合わせた授業運営が工夫されている。

放送番組やインターネット上に提供されている大量の情報の中から有効な情報を学習情報として選択し利用するほか，情報通信システムを援用して時間や場所に拘束されない分散学習の一つであるWBT（Web Based Training）と呼ばれる学習形態も注目される。非同期型の個別学習と同期型の一斉集団学習の長所を採用したハイブリッド型学習形態ともいうべきブレンディッドラーニング（blended learning）も注目された。

### 1.2.2 教育メディアの表記と機能

教育メディアは，狭義には視聴覚メディアとほとんど同義語と考えられるが，後者が歴史的に古い[10]。そして，当初の表記は英語表記（audio-visual aids）に忠実に聴視覚教材または発音の容易さや語感の良さから視聴覚教育教材と呼ばれていたが，カタカナ書きされるようになったのは，1960年代後半からであったと記憶する。マスコミを中心に"メディア"の表記が斬新な印象を与えるとともに，それまでの"媒体"の概念を暗黙裡に拡大・拡張する効果が期待されたように思う。教育理念が伝統的権威主義から客観性，実証性を重視する行動主義的教育理念への転換を強く意識したことも理由であろう。

脱工業化社会（post-industrial society）[11]から情報化社会（information society）へ，さらに知識基盤社会（knowledge-based society）への変遷過程で"ネットワーク社会"と呼ばれるサイバースペースの出現は，インターネットの急激な普及が動因であり，その結果と考えられる。個人にとっては，PDAと総称される携帯情報端末などをはじめとするメディアの多機能化，高機能化に負うと

ころが大きい。例えば，学習者にとって，教師や学校の施設・設備が有力な情報源であった環境から，情報の収集のみならず情報発信さえも個人で自在に行える環境になった。つまり情報の消費者だけでなく情報の生産者の立場にも立つようになったと言える。そうなると，必然的に社会変革のみならず教育改革のキーワードとして，自己学習力の育成，学習の多様化・個別化，情報化への対応が強調されるようになる。しかし，視覚，聴覚など，人間の知覚を活用して媒体に記録されるシンボル及びその文脈を通して情報流通・交換を促進する基本原理は，今後も変わらないであろう。

　教育メディアの場合，対象とする利用者は基本的には教授者と学習者の二者である。利用形態としては，二者が同時に存在する場合と学習者だけが存在する場合が想定される。例えば，伝統的な授業運営形態である一斉集団指導では，教授者と学習者が対面で行うのが基本であるが，利用意図や状況によっては，学習者だけが存在するほか，その構成は個別，小集団（グループ），大集団など多様な形態をとる。それぞれの立場や必要性の目的，内容，手段方法に柔軟に対応できる情報と道具，換言すれば多様な学習コンテンツを含む学習情報と学習環境が提供されることが望まれる。教育メディアと銘打つことなく放送あるいはウェブ上に一般利用情報として提供されている大量の情報でさえ，利用者は学習目的に相応しいと判断すれば，内容・方法両面を含め容易に利用できる。したがって，これらの情報の収集，選択，利用並びに発信の機能について利用者に裁量が与えられるため，映像の読み解き能力などを含む情報リテラシーの必要性がいっそう不可欠になる。例えば，映像リテラシーの具体的な要件としては，場面把握，状況把握，伏線の読み解き，情報作成過程と技法の理解，感情移入などが挙げられよう。

　以上述べたことを時代区分ごとに対応させて一覧表にまとめたのが，表1－7である。教育メディアが時代を代表する科学・技術と同期し，その影響のもとで学習理念や教授学習システムが変容し教育観・教育論も変革し続けている様子がうかがえる。1950年以前の社会の変動区分（インターバル）は数十年と考えられるが，1960年以降はほぼ10年間隔でまさにテクノロジープッシュによる社会変革が続いている。蕉風俳諧の基本理念に不易流行という言葉がある。

表1-7 時代区分ごとの主な教育メディアと学習形態などの変遷

| 年代区分 | ～1970年代 | 1980～1990年代 | 2000年代～ |
|---|---|---|---|
| 時代を代表する主な科学・技術と製品など | 電子部品の小型化，IC（集積回路），デジタルコンピュータ | インターネットの民生開放，パソコン，テレビゲーム | スマートフォン携帯端末装置の高・多機能化，タブレットパソコン |
| 主な教育メディアとその特徴 | 従来の視聴覚機器，TV, VTR, CCTVとそれらのカラー化 | パソコンの教育・学習への利用，テレビゲーム | インターネットの学習利用，電子黒板等の電子装置，電子教科書，パッケージ系コンテンツ |
| 利用者の主体性 | 情報受信志向，受動的態度 | 情報利用・作成の協同/参画，能動的態度 | 個人での情報発信・受信，健全な批判的・省察的態度 |
| 学習形態の志向 | 一斉集団指導の効率化 | 協同学習への参画 | 授業形態の多様化，個別学習の促進，学びの共同体の形成 |
| 社会の動向 | 工業化社会 | 情報化社会，国際化 | 高度情報社会，知識基盤社会 |
| 教育観・教育論など | 伝統的権威主義から行動主義教育論へ | 認知主義教育論，構成主義学習論 | 主体的自立性，自己教育力，個性重視 |

時代を超えた永遠性（不易）と時代の変化に応じて進展する変化（流行）の態様を簡潔に表現した言葉である。教育の次元では，普遍的根源的な人間性の涵養と現在の社会生活に適応するための教育に加え，10年20年先の社会変容を予測して，それに適応できる能力を習得させる教育が行われる。このような意図・意識面で共通する言葉が論語に見られる温故知新である。現在の社会事象・現象を理解するためには「ふるきをたずねて，新しきを知る」，つまり先人の思想や学問を研究することで今日に至る過程，あるいは今日の事象・現象を理解できるという示唆である。

① 教育メディアの機能的要件

　教育メディアの内容を含め機能に対する要求は，極めて多面的で多様である。学校教育における利用に限定しても，その区分・段階は幼児教育から初等・中等，高等教育へと実に幅が広い。その上，幼児から初等，中等教育段階の学習者の心身の漸進的，連鎖的変化の時間的過程は，大人のそれと比べはるかに急

激であり急速である。認知的発達に伴い，興味関心の対象は分化・拡大し体験の質的，量的変化も増大する一方で高度化し，抽象的思考や理解力も向上する。これら多面的で多様な心身の変化に基づく知的欲求に適切，かつ柔軟に対応できる学習内容・方法を開発し提供することが教育メディアの機能として求められる。

そして，提供された学習内容の選択権は，教育観・学習観に基づく利用意図，価値観，必要性などが相異なる利用者の判断・裁量に委ねられる。その上，利用形態としては，個人単独で利用するほか，小集団（グループ），大集団など規模も多様である。利用者個人並びに集団が限定された場所，例えば，特定の教室にいるとは限らない。分散した室内，野外，遠隔地，さらには海外との交換授業のように時差の調整が必要な遠隔地であることさえ現実にはありうる。

学習活動を行うにあたって，メディアが今後さらに内容的，機能的に変わり，教師の役割が変容しても教師及び学校制度の必要性と重要性は不変であろう。それゆえ，教師には，"学習内容を教える"という意識から，教育メディアなどを利用して如何に学習者個々の適性に合った方法で学習目的を達成させるかという意識と実践力が求められる。学習形態が多様になると，教師一人だけが授業を担当することは現実に困難になることが予想される。この事態軽減・解消のため，チームティーチングによる対応・対策などが望まれる。

初等・中等教育における教育メディアを介在させた学習形態・方法についての研究は，水越（1986, 1994, 1995）並びに彼の研究グループが小学校，中学校の教員と共同研究し，数多くの知見を著書や論文を通して提供してきた。水越[12]の教育メディアに関わる実践研究の底流に一貫している理念と主張は，初等・中等教育における協調学習などの実践を通じた主体的自立学習行動と対人関係構築・調整能力の育成である。また，メディアの選択能力や映像の読み解きなど，メディアリテラシー育成の重要性を指摘している。

② 教授・学習活動への貢献

教育の原点ともいうべき学力観を取り上げると，教育分野では1950年代以降，「実体的学力」と「機能的学力」という相対立する理論論争が続けられてきた。

前者は基礎的知識・技能を系統的に習得することを，後者は直面する課題解決のために，ものの見方，考え方や調べ方，表し方など，能力・態度を個々人の興味・関心に応じて習得することを重視する。いわゆる実生活により密着し実践を重視した学力を指す。それゆえ，学習者には主体的で自立的な学習態度が一層求められる。いずれの学力観に立っても目的達成のために多様な学習形態や学習環境が工夫され適用される。もちろん，学習への利用形態や手段としての教育メディア自体の位置づけや利用価値が変わることはない。むしろ，ますます教育メディアの重要性と必要性が重視されることが，今日までの授業実践や個人学習における利用実態から推測される。したがって，学習者が能動的に学習を行うためには，認知的，心理的，生理的視点から，学習意欲を惹起・昂進させる学習支援のため，教育メディアの内容と利用環境と学習方法の開発は不可欠である。

　教育工学研究者は，教育工学草創期から教育学，工学，心理学などの研究領域を包含した学際的専門領域と呼ばれる未知の専門分野の開拓に挑戦している。そして，常に多元的視野で教育実践と結びつけながら教育方法，教育技術革新のため，新たな理念を構築し知見を蓄積してきた。教育メディアに限定すると，時代ごとの新しい科学・技術の理念や成果を教育理念や教育実践の場の現状と整合させながら，教育方法・技術改革の推進に貢献している。研究志向としては，教育実践の場の実態を観察し課題収集に努め実現可能な独自の教授・学習内容を構想し，かつ，教育実践の場で試行した結果をもとに，新たな教育方法や教育技術を創造・開発してきたといえよう。

　教育（学習）内容の選択は，企画段階で2つの学力観のいずれを重視するかで異なることが予測される。すでに述べたように教育観（学習観）は1970年代以前の伝統的権威主義教育観から1970年代以降の行動主義教育観へ，さらに1980年代以降の認知主義教育観や構成主義教育観へと変遷した。インターネットで代表される高度情報社会の出現は，従来の社会制度の制度疲労ともいうべき不具合を解消させるため，教育を含め社会改革を行う動因となった。2005年には知識基盤社会の構築こそが，我が国がこれから目指す社会の在り方であると明示された。

知識更新の短縮化や生涯学習の実施体制が構築される中で認知主義の教育観がさらに強調されるようになった。例えば，PISA(13)のような国際的学習到達度調査が実施され教科別得点順位が国別に公表されると，あたかも国際社会における教育水準と見做される。この結果，教育行政が PISA の教科別得点順位に敏感に反応し，学習指導方針や学習内容を検討する有力な根拠の一つと見做すまでになった。さらに国民が学力や学力観に関心をもつ契機となり，学校教育に対する世論形成に少なからず影響する側面が見られる。

　知識基盤社会を標榜する我が国では，受動的学習態度でなく能動的・主体的学習態度の育成を通して，多面的視野をもち柔軟な発想ができる人材の育成と知識の創出が期待されている。なお，基礎学力論と学習形態をめぐる議論の必要性については，1984年の教育工学会創立当初から先駆的役割を果たしてきた坂元，水越，西之園晴夫（1934-）らが指摘してきた。残念ながら教育工学における教育メディアの研究では教育観，学力観など，教育哲学ともいうべき次元の議論は十分深まらないまま今日に至っていると見受ける。その理由として，以下に述べるように教育工学の生い立ちとその後の歩みが少なからず影響しているように思われる。

　我が国における教育工学の草創期は，工業社会から脱工業社会への移行を契機に取り組まれた教育改革の時期と重なる。時代の要請で必然的に生まれたとも見做される教育工学は，当時の学問体系の中で教育関連の既存の学問では対応しきれない教師教育を含む学校教育の改革の推進力となることが期待された。とりわけ急速な進歩発展を続ける科学・技術の開発理念や知識・知見を教育方法や教育技術の開発と実用化に取り入れ，その成果を社会に還元することが期待された。東，中野，坂元，水越，西之園，井上（1971，1984）ら教育工学の先駆者は教育工学の学問としての方向付けと性格付けを明示させるため，多元的・多義的に定義づけを試みている。それらを読み返すと，学校教育における事象・現象を研究対象とし，工学，心理学などの視点と知見を融合させた学問の必要性が強調されている。彼らの方向付けや性格付けに依拠した教育研究の成果が蓄積され，その結果，学際領域の新しい学問の確立を目指して日本教育工学会が1984年に設立(14)された。

第1章 教育メディアの概観

　教育工学はメディア教育をはじめ，初等・中等教育，教師教育などの領域を相互に関連づけながら，客観的根拠を明示し実践可能な成果と知見を提供してきた。それらをもとに教授・学習指導法などの開発や刷新のために具体的な提言や視点などを教育実践の場に向け発信している。例えば，教育の情報化・情報教育の推進に当たっては，メディア教育を中心に教育工学研究者が小・中学校の教師らと共同し，研究や実践を通して得た成果を学校教育へ還元して，教育改革に貢献してきたといえる。この主張の根拠として，教育工学会の論文誌／集をレビューすると，創立期からメディア教育，とりわけ小・中学校における授業向けの教育メディアの開発・利用に関わる研究成果や知見が数多く発表されている。

　2000年代以降は高等教育の教育改革の一環として，ファカルティ・ディベロップメント（faculty development）が注目され，教育工学研究者が精力的に関与している。特に専門分野の内容の理解が伝統的にもっとも重視される高等教育において，学習心理，学習過程や学習環境などの重要性を指摘し，客観的な裏付けと具体的な方策などの成果と知見を提供している。教育工学の研究成果や知見は学校教育や教師教育などの改革・改善に寄与してきただけでなく，情報産業界が教育分野へ関心をもつ契機になったといえる。反面，常に最新の科学・技術の教育への適用・応用に関心を向け注力するあまり，教育工学独自の理念や教育論の深まりより，むしろ方法論，技術論が先行してきたように見受ける。

ⅰ）個人対象

　学校内であれ，在宅学習であれ，学習者個人が主体的，自立的に学習目標を定め，見通しをもって能動的に学習する場合と授業のような集団学習の中で個別に課題を設けて自ら学習する形態を想定する。学習の場に教授・学習の設計者の立場の教授者が学習者と共在する場合と共在しても学習活動への関与が間欠的な場合が想定される。学習形態が一斉集団授業であっても，学習のねらい，内容，方法によっては，随時個人単位，あるいは数人のグループ単位で学習は進められる。この場合，一般に教授者の介在は間欠的であるがゆえに学習者の

主体性，自立的態度が最大限に求められる。学習者自身が学習目的や学習過程の予測・見通し，学習の価値などを自覚する一方，教授者は学習者の能力，性格，学習履歴，学習スタイル，興味・関心の対象などを考慮して，教育メディアを含めた学習環境として，暗喩的，明示的に仕掛づくりを行う。つまり，学習目的や内容に応じて学習環境を整えることは不可欠であるが，いつも完備しておくことが最善かと言えば，一概にそうだとは言い切れない。学習者の適性に応じて学習者自身による創意工夫の余地を残すなどの配慮が適切であり，有効な場合がある。学習形態が個人であれ，集団であれ，学習活動による達成感，自己効力感を得ることは，学習者の学習意欲を高め維持させる有力な要因となる。自己教育力の根幹をなす主体的，自立的学習態度を育成させるためには，学習を習慣づける過程で学習者が必要とする学習情報を学習者の適性や期待に沿った内容，方法で提供できることが望まれる。

ⅱ）狭域の集団対象

　情報通信手段の利用を前提にした学習形態では，教育メディアの開発，あるいは利用に学習集団の相互間の物理的距離を考慮する必要性はそれほど重要でないかもしれない。同じ空間，例えば教室内で学習者相互が個別に発想内容を伝達し合うような学習場面を想定すると，直接対面で会話を行うことが対人関係構築・調整とコミュニケーションの能力育成に有利であると考えられる。次善の手段として，たとえ教室内といえども数十人が対話のために移動しあう所要時間を考慮すると，情報通信手段によって即座に相手方へ意思や考えや発想を伝達することは有利である。しかし，移動時間の短縮と情報伝達の効率を優先させても，人間の情報処理能力には限界があり個人差もある。数多くの学習情報を効率よく収集できても，学習者はその中から独自の思考と意図に基づいて選択し，必要と判断する方式と文脈で再構成する。したがって，学習内容や学習過程の選択においても，学習者の意図や意思を尊重する方策が教授・学習システムの機能として組み込まれていることが望ましい。単独で行う学習活動と異なり，他の学習者が共在する学習環境の中で行う場合は，対面で情報交換できる利点がある。一人の人間の発想，価値観に基づく視野，思考，興味・関

心の対象には限界がある。「三人寄れば文殊の知恵」という諺がある。数人が対等に議論しあうブレーンストーミング（brain-storming）のような場が設定されると，思考の範囲や対象が拡大し理解が深化し，新たな発想や考えが得やすい。牧野・永野（2002）の研究は，学びの共同体を機能させるコミュニケーション能力の重要性を再認識させる一つである。このように対面コミュニケーションは，初等・中等教育の学習環境として，情報通信手段が整備・充実されても随時介在させる工夫が望まれる。但し，人間の成長過程で学習者によっては，情報手段によるコミュニケーションは容易にできても，対面では心理的抵抗があり回避したいという事例も考えられる。例えば，情報通信手段やパッケージ系学習ソフトが特別支援教育の場で試行・改善され，個別学習手段としての有効性が検証され定着することが期待される。

ⅲ）広域の集団対象

　情報通信手段を応用した遠隔教育の実践では，例えば海外や国内でも遠距離の学校間で交換授業などと呼ばれる形式の学習を行う事例が見られる。もちろん，このような学習が可能な環境が整えば必ずしも集団で行う必然性はないが，現実には学校単位，クラス単位で実施される事例が多く見られる。学校数も2校（箇所）に限定されるものでなく，多元的に3校以上が参加する企画も見られる。このような方式・形態の学習を実現するには事前の周到な準備が必要である。高等教育や大手予備校の授業では，以前から教育内容の均質化と高度化のもとで放送衛星利用の遠隔教育が試みられてきた。例えば，2大学間の連携事業として，それぞれの大学で実施されている授業内容のうち，定評のある分野の授業を相互に提供しあう。このような方式の交換授業は，情報通信手段の多様化と運営費軽減に伴い，大学間だけでなく大学と個人間でも可能となっている。つまり個々の学習者（受講生）が世界中に散在している状況を想像すれば容易に理解できよう。日進月歩で進歩・発展を続ける現代の科学・技術についての最先端知識を個人で入手できる機会が情報通信手段によって可能になった。但し，通信手段による依存度が高い教授・学習システムで留意すべきことは，学習者が旺盛な学習意欲を維持できるような仕掛け，例えば教授者から学

表1-8　学習規模別の教育メディア利用の場の設定

| 対象 | 個人 | 狭義の集団 | 広域の集団 |
|---|---|---|---|
| 主な学習方式 | 個人別課題学習 | プロジェクト学習 | 広域交流学習 |
| 学習者の態様 | 主体的自立学習態度 | 積極性と協調協力的態度 | 旺盛な学習意欲，連帯感の醸成 |
| 教授者の介在と役割 | 教授者不在，間欠介在 | 対面と情報通信手段の選択と比率の調和 | 介在多寡の調整，学習環境整備 |
| 主な学習ソフト・学習手段 | パッケージ系学習ソフト，オンライン授業 | CSCW（コンピュータ支援協調学習システム） | テレビ会議（カンファレンス）システム |

習促進に関わる指導・助言などを適宜与える機能や方策が不可欠である．なぜなら，対面による集合学習形態と異なり，学習者が孤立化しがちであるといわれる．

　以上，学習対象の規模を3つに大別して述べた内容を整理し概要を一覧表にまとめたものが表1-8である．

### 1.2.3　教育メディアの適合性

　ここでいう教育メディアの適合性とは，教授・学習活動にメディアを利用する場合，利用者である教授者，学習者，あるいは両者にとって利用目的の達成度を主観的，客観的に評価することである．評価するには，主観的方法と客観的方法とその両方の組み合わせが考えられる．いずれの評価方法を採用するにしても，評価対象の内容あるいは項目について正当性や妥当性を検討し測定する必要がある．利用目的の達成度を測定し評価する側面としては，認知面，情意面，行動面などが挙げられる．一口に達成度といってもその内容を特定，あるいは規定することは一義的でない．例えば，利用目的として，認知的能力を高めるものか，情意的態度を育むものか，対象者は誰であるか，個々人の学習スタイルへの適合度はどうか，教授者の存在の態様はどうかなど，検討を要する．利用形態は個人か複数か，集団の場合は小集団か大集団か，利用する学習環境はどうかなど，検討し考慮されよう．このように利用者の満足度のような主観的な適合性を判断することはできても，有用性を含めた客観的な測定とな

ると適合性の適否に関わる条件・要因が潜在的要因を含めて数多く、一義的に定まらない。状況論的には複雑系であって、多様な要因が複雑に関係しているため、因果関係を特定するのが困難である。さらに学習情報を構成する言語シンボルや映像シンボルの特性としてよく知られているのは、一般に文章や静止画は逐次的で分析的理解を行うには優れている。一方、動画は臨場感に優れ情報の全容を総括的、かつ概要を把握することに優れているといわれる。

　教育メディアの適合性を学習形態から検証する事例として、例えば、学習者が一人で在宅学習する場合、数人、あるいは学級ごとに教室内で学習する場合、人数規模は一人対一人、あるいは一人対複数人である場合、両者が互いに地理的に隔たっている場合などが想定される。学習形態はいずれであっても、学習目的や期待はそれぞれ異なるであろう。また、学習者の学習履歴、性格、価値観、興味・関心、能力、学習スタイルなど、学習者の適性も一人ひとり異なる。

　一方、教授者の立場では、学力観が根幹をなす教育観・学習観に基づく、教授・学習目的や学習達成の期待度、役割として、教授者は一人か複数人かなど、異なるであろう。教育メディアについては、学習者から見れば学習環境・メディア環境であるコンテンツと学習目的の適否のほか、利用方法としては、教育メディアの関わり方などが指標として挙げられる。特に学習過程において学習者自身が工夫する余地を残す。つまり学習者の裁量や意思決定の関与を容認し学習に参画しているという実感が得られるように、意図的、計画的に情報提供の内容や方法を配慮することが望まれる。また、学習者自身が短期的、長期的に学習過程や成果を確認できる手段としても教育メディアが利用されることが望まれる。

① 適合性の指標

　教育メディアの内容の適合性については、内容面、方法面とも利用者である教授者と学習者双方の利用目的に沿って、認知面、情意面、行動面の面からの満足度が優先されよう。但し、例えば、実際の授業などで教授者と学習者の満足度はほぼ同じ傾向が見られるであろう。つまり、教授者だけ、あるいは学習者だけが一方的に満足するのではなく、一方の満足度が高ければ、他方も満足

するよう配慮する。このためには，両者の期待する目的・目標とその達成度などの整合性が重要である。内容面についていえば，利用者の利用目的に合致しているか否かが大きな関心事である。知りたいことがわかること，表現したいことが思い通りに言語や映像などで表現・表出できるなど，利用者の教授・学習計画や期待に沿った結果が得られれば満足度は自ずと高まるであろう。

　ところで，「1.1.2　メディアの捉え方」の③で紹介した西本・山下論争(1958～1959)を想起させる以下のような体験や印象をもつ読者は，少なからずいるであろう。例えば，ある事象・現象についての解説的内容の画像・映像を視聴している間は，すべて内容が理解できたように思っても，終了後に改めて視聴内容を分析的に問われると，的確に回答できないと気付くことがある。また，長年見慣れた街並みの一部が更地になった直後でさえ，かつてそこにどのような建物があったかを思い出せないという経験をもつ読者は少なくないであろう。このような人間の視覚や認知の特性と傾向を知ることも大切である。それゆえに視聴前に視聴内容に関連する視点や課題意識をもつことが利用者には求められる。一方，文字情報や静止画は文脈を追い分析的に理解するという視聴態度と意識が求められる。さらに目と手の共応動作によって記銘が深まり想起しやすくなる傾向が見られる。このような人間の認知的，心理的な受容特性である態度や意識現象を理解しておくことも望まれる。認知負荷をかけることは，学習状況によっては記銘を深め思考を活性化させる副次効果を生むであろう。

② 適合性の妥当性

　現実には"言うは易しく行うは難し"であるが，一口でいえば，わかりやすい学習内容であり，学習者一人一人が学習の過程や終了時に充実感，あるいは終了時に達成感・満足感を得られることである。つまり学習活動を昂進させ理解促進に寄与する内容と方法が教育メディアの適合性の要件と言えよう。学校教育教材・教具の利用にあたって，利用者は文科省推奨など公的教育機関・組織の権威に依存しがちである。なぜなら，一般に教育メディアの選択・利用の妥当性を客観的に判断する要件を規定あるいは特定することは困難であるという側面がある。一斉集団授業で効率よく学習内容に関連した情報を提供する場

合は，同一の映像・音声を一斉に視聴させる。学習環境によっては，1人1台のパソコンなどの情報通信手段を通して学級単位などの学習集団に一斉配信させる。しかし，主体的な学習を重視する教育観・学習観をもつ教授者は，それでは満足できないであろう。もちろん，学習者にとっても能動的に参画し学習できない提示方法には，満足できないであろう。個別，集団の学習形態の如何を問わず，学習者一人ひとりが可能な限り満足感を得られるような内容の構成と情報の提供が理想である。この理想に近づけるような内容と手段を含めた教育メディアが望ましい。学習内容としての情報は，学習内容に相応しいか，学習活動の意欲を昂進させるか，多様な適性をもつ学習者にできる限り柔軟に対応できる提供方法であるかなど，評価の視点を設けて客観的かつ妥当性のある評価を行うことが求められる。例えば，英語教材の読みやすさ（readability）を評価する Dale-Chall cloze と呼ばれる基準，あるいはそれに依拠した内容のテストも見られる。読みやすさの評価に限定されているが，利用者の主観に依存しないこのような公式化も評価の妥当性を高める有効な対策の一つであろう。

## 1.3 教育メディアの特徴と分類

### 1.3.1 教育メディアの特徴

1970年代中頃までは教育メディアと言えば，黒板，掛図，地図，模造紙などに加え，文部省推薦と銘打った16ミリ教育映画やスライド教材などが主流であった。しかし，教育テレビ番組の録画，8ミリ映画，スライド教材，オーバーヘッドプロジェクター（OHP）教材などが個人で容易に自作できるようになると，教師自身の発想と工夫による自作教材が授業で多用されるようになった。利用に当たっては，学習者さえ参画し加筆修正できる利点がある。

教育メディアの内容は，教授・学習の目的に沿って教授・学習素材が構成・編集され，提供方法を含め利用環境が選択される。内容面と方法・手段の選択に当たっては，利用目的のほか，教育理念や教材観，さらには想定される授業場面などが密接に関連する。

インターネットの拡充整備の他，パソコン，ビデオカメラ，デジタルカメラ

など操作が容易な電子装置の一般家庭への普及は，大人以上に子どもが利用面で習熟し主導権を握るまでになった。従来，学習内容に関わる情報は，主として教師によって学習者に与えられた。ところが学習者である子どもの自立的・主体的学習活動を通して，教授者以外の人や組織の情報源からも多様，かつ，自在に情報を選択・収集し，新たな発想と意図のもとで編集加工し個別に保存できるようになった。つまり，学習場面における学習者の参与の割合が大幅に拡大され，名実ともに知識創造型学習が実現できる環境になったといえる。

　教育メディアの評価に当たっては，評価に関与する要因が多数で複雑に関係する，いわゆる複雑系の事象の一つと考えられる。例えば，ある概念学習を行うにあたって定評のある学習ソフトを利用すると仮定した場合，必ずしもその学習ソフトが期待通りに利用効果を上げ高く評価されるとは限らない。なぜなら，学習者によってはその学習ソフトの内容が学習目的や学習スタイルに合致せず期待外れになるかもしれない。学習者個人の適性だけでなく，学習者相互あるいは学習者と教授者との人間関係さえ，評価に影響する可能性がある。このように不確定要素の多い事象を対象にした評価に対して，妥当性や客観性を保つことは容易でないことは想像できよう。

① 教授・学習媒体

　教授・学習媒体としては，従来から教育実践の場では教材・教具と呼ばれているが，教授・学習内容と媒体という区別は，特別に意識されてこなかったように思う。例えば，教科書は教材の範疇であるが，その中に図示，あるいは記述された学習内容を補強する資料などは，利用目的の意義，手段に基づいて補助教材と呼ばれる。一方，学習に利用する歴史資料，動植物などが写ったスライドフィルムは，媒体別分類呼称としてスライド教材と呼ばれている。黒板，掛図，模型などは教具の一つであるという認識は共有されているだろう。具体的な"もの"としては，プリント教材（印刷教材），教科書，参考書，掛図，地図，黒板，スライドプロジェクタ，OHPなどが，よく知られている。教科書や掛図などはそれ自体に学習のための教育情報と紙媒体が一体化されているが，黒板やプロジェクタは教育情報を再現・再生させる手段・道具として独立

した存在である。とりわけ，黒板は学校における伝統的教育媒体として長い歴史をもち，板書の仕方など数多くのノウハウが蓄積されてきた。それだけに板書を見れば教師の指導力量が分かるとさえいわれる存在である。

　ところが科学・技術，とりわけコンピュータやインターネットで代表される情報通信技術の進歩・発展により，新たな概念に加え，教育活動を支える手段・方法の面からだけでなく，教育の理念・概念を根底から変えるメディア，例えばe-ラーニングが出現するようになった。また，従来の教育メディアの概念を変えざるを得ない事例として，電子教科書が挙げられる。従来の教科書は学習内容を補強するための補助教材や百科事典などが独立した形態で存在しているが，電子教科書はこれらをも内包し一元化した統合メディアとして機能する。このため，学習内容である情報とそれをシンボルとして媒介するもの（媒体）を単純に分離し弁別することは，より困難になっている。学習内容，学習手段を含む包括的な概念として学習資源（learning resources）という表現も見られる。この概念では，学習に関わるモノや人だけでなく，それらが存在する空間，環境をも包含する。e-ラーニングについては，情報通信手段とネットワークを利用して学習の機会や環境を提供するしくみという共通認識はあるが，その概念や定義及び要件が確立されているとは言い難い。情報通信系メディアとパッケージ系メディアとして対比されるメディアの細分化と定義は，次第に概念が形成され共通化されながら定着していくだろう。何しろ，現実にe-ラーニングについてはほぼ共通した概念は形成されながら，その内実と実態は多種多様である。例えば，学習教材配信機能やコミュニケーション機能をもつシステムから通常の学校運営機能をも兼備したピュアe-ラーニングと呼ばれるものまで多様である。

② 教授・学習活動との一体化
　教授・学習活動における教育メディアの利用にあたっては，主として存在形態が単体で機能が単機能であった時代と比べ，単体ながら多機能が主流になり始めた1980年代以降とでは，利用形態も異なる。テクノロジープッシュの立場から見ると，教育観・学習観，さらには教材観が変化していると考えられる。

伝統的権威主義や行動主義の教育観では，教育メディアの利用は教授者主導のもとにあったが，構成主義や認知主義の教育観では，その利用は学習者も教授者と対等になったとみなされる。また，情報通信手段などを通して特定のジャンルで流通する情報量の視点から見ると，学習者の方が教授者を凌ぐ事例さえ見られる。なぜなら，学習活動における必要な学習情報の収集・取捨選択並びに情報の生成・加工・発信は，学習者個人でも可能になったからである。その上，学習過程に関わる指導助言は，教授者だけでなく学習者同士あるいは学校外の専門家などに随時求めることが可能になった。

　このような情報伝達モデルの変化・変容は，教授・学習内容にも影響を与えた。例えば，断片的な知識の記憶量の多寡よりも論理・推論・分析能力に基づく事象・現象の因果関係の体系づけが重視されるようになった。具体的には，歴史上の重大事件などの年代を記憶するよりも，その事件が起きた社会背景や状況分析を行う高次な思考や理解がより重視される。つまり，個別の年代など断片的な知識は，ウェブ上に提供された情報など多様な情報源から容易に入手できる学習環境が実現している。

　かつては情報伝達モデルとして，送信者（発信者）と受信者の機能や立場は明確であった。しかし，メディアの進歩・発達により，個人，組織を問わず情報の発信・受信については，役割分担の境界が消滅したと言える。このため，情報の生産者あるいは消費者という相対立する立場において，生産者の立場を独占してきたマスメディアでさえソーシャルメディアの出現により，その立場を喪失したといえよう。

　教育メディアについていえば，かつては主な学習情報源は唯一学校や教師であったが，今日では従来の身近な書籍，ラジオ，テレビの他，CD，DVD，あるいはネットワーク上に大量の各種情報が提供されている。利用者は情報通信手段を駆使して多元的に多種多様な情報源を利用できる。但し，これらの情報源の信頼性は一律でなく，その価値や信頼性の判断は利用者に一任される。つまり情報の入手，利用は自由である代わりに利用者の自己責任に帰せられる。このため，情報の真偽については，同じ項目や内容の情報について複数の情報源を検索し検証する必要がある。提供された情報の利用までの時間差という視

表1-9 教育メディア利用の変遷区分と教授・学習活動の関係

| 項　　目 | ～1970年代以前 | 1980年代以降～ |
|---|---|---|
| 教育メディアの主な形態・機能 | 単体・単機能（紙，フィルムなどの媒体別，映像，音声のモード別など） | 単体・多機能，統合システム |
| 利用の主従関係 | 教授者が主導，学習者が追従 | 教授者と学習者が対等 |
| 教育観，学習観<br>教授・学習の志向 | 伝統的権威主義，行動主義の教育観<br>一斉集団授業，学習効率の向上 | 認知主義，構成主義の教育観<br>個別対応学習，自己学習力 |
| 教授者／学習者の態度 | 教授者：教授・指示・説明的態度<br>学習者：受動的態度 | 教授者：学習支援<br>学習者：主体的・自立学習態度 |
| 利用主導の立場 | 教授者が主導：教授者が選択権をほぼ独占 | 教授者と学習者が対等：学習者も集団あるいは個別で選択権をもつ |

点からも，教授者と学習者との間で差異がなくなったといえる。情報通信手段が今日のように広く多様に普及する以前は，一般に教授者が学習者に先んじてより最新の情報を入手したが，今日では両者間にその時間的差異はなくなったと言えよう。以上述べた内容を整理したのが表1-9である。

## 1.3.2 教育メディアの分類

　教育メディアが視聴覚教材・教具と呼ばれた1970年頃までは，その社会通念は，教授・学習活動支援のため，音声，映像で表現されたメッセージを視覚，聴覚を介して伝達する媒体であった。この概念で暗黙裡に共通理解が得られたのは，視聴覚教材・機器が一対の存在関係であり，単機能かつ単体の形態で存在し，伝達経路（channel）を通して一方的に提示・伝達することが主な機能であったためである。例えば，紙，フィルム，磁気テープなど媒体種別，あるいは非電気系，電気系，光学系，通信系など動作原理や伝達手段を指標として容易に分類できた。議論の余地はあろうが，情報化社会の前後として1980年代中頃を時代区分の境界と見なし，教育メディアの分類事例を参考までに表1-10に示す。あえて大別すると，学習内容である情報をソフトウェア，その情報を伝達させる媒体・手段・方法を個別にハードウェアと呼ぶことができる。このような情報伝達モデルでは，受信側に位置する学習者は常に受容能力・態度が求められる。一方，送信側に位置する情報の作成者や情報の選択者，例えば，

表1-10 情報化以前・以後の教育メディアの分類比較の事例

| 分類項目 | 情報化以前<br>（およそ1980年代以前） | 情報化以降<br>（およそ1990年代以降） |
|---|---|---|
| 非電気系 | 絵図類（写真，イラスト，地図，紙芝居，掛図，図表など），黒板，教科書，模型，標本，実物 | 左記と同じ |
| 電気系<br>（主に光学系） | スライド，映画，OHP，テープ／ビデオレコーダ，モニタテレビ，LL，ML，テレビゲーム | 左記の媒体・内容がCD-ROMやDVDに転載／改編のほか，新編を搭載，電子黒板，電子教科書，パッケージ系ソフト（DVD，CD-ROM，ICメモリなどへ），書画カメラ，液晶プロジェクタ |
| 情報通信系 | アナログ形式のラジオ／テレビ放送番組 | ラジオ／ディジタル形式テレビ放送番組，無線／有線LAN パソコン，e-ラーニング，CSCL，WBT，スマートフォン |

教授者には，教育観や教材観に基づく教授・学習計画に沿った体系づけや説明能力，展開能力などの教育実践力が求められた。

　ところが，多様なメディアの出現と多種多様な情報の提供サービスにより，学習内容に直結あるいは間接的に関連した情報がインターネットなどを通して個人で自在に入手できるようなった。つまり，かつては教授者の独擅場であった情報の選択権のみならず作成，発信権までを学習者が獲得するようになった。学習活動は，対面コミュニケーションの他に情報通信手段によるコミュニケーションにまで手段が拡大された。このような学習環境が実現されると，例えば，ソフトウェアの面で今まで文部省など公的教育機関・組織が推薦・推奨した学校教育教材と銘打った映画フィルムや音声テープの視聴覚教材・教具・機器などが，教育メディアの主要な地位を喪失するようになったといえる。学習を支援する機能面から考えると，情報通信機器を代表するパソコンは，参考資料や紙や鉛筆を介した発想態様と同様に，新たな知識を得たり創ったり体系づける学習の道具と見做されるまでに機能と親和性が向上した。もちろん，そのような学習形態を保障し支援するためには，専用ソフトウェアが同梱され，学習を支援する各種の情報提供サービス，例えば専用の学習素材や教育情報データベースのポータルサイトなどが完備され，容易に利用できる環境が前提である。学習情報として提供されるもののほか，不特定多数の大衆向けに提供される情報さえ学習者が有用・有効であると判断すれば，学習情報として選択・利用さ

第 1 章　教育メディアの概観

れる可能性と機会が増えた。

① 利用目的別分類
　すでに概観してきたように教育メディアが単体，単機能で存在した時代から統合多機能メディアに進化した今日でも教育用，娯楽用，一般用などの利用目的別，また，成人向け，幼児向けなど，利用対象者別の分類は見られる。しかし，利用者の立場，視覚・聴覚などの知覚別などの属性による従来の分類の枠組みでは，対応しきれない状況が見られる。例えば，学習形態として，個別学習，個別分散協調学習，中規模一斉／分散集団学習，大規模一斉／分散集団学習など，多様な学習形態が考えられる。学習内容としては，大量の情報源から必要な情報だけを選択し，学習者自身の発想も加えて再構成し課題解決につなげる。また，利用者である学習者が全く新しい創造学習として，発想した内容を文字，図表，画像などを用いて具現化させる。学習結果を公表するため，学習集団の構成メンバーに発信し評価し合うなど，種々の形態が考えられる。教育メディアの多機能・高機能化と情報提供の多様化と充実は，多様な学習形態を創り出している。したがって，従来は主として視覚・聴覚という知覚別と個々の教育メディア本来の機能に基づく指標で分類が体系化されてきたが，今後は教授・学習の目的や形態を基軸に据えた教育メディアの分類体系が必要であろう。

② 形態別分類
　媒体の種別，提示方法によって，教科書，地図，掛図のような紙媒体，スライドプロジェクター，映写機で使うフィルム媒体，オーディオレコーダ，ビデオレコーダなどのテープ媒体など，従来から媒体の形態や種別によって分類されてきた。しかし，すでに述べてきたように媒体の融合化あるいは統合化ともいうべきデジタル化あるいは電子化の状況は，従来の分類の枠組みと方法について再検討する課題となっている。つまり，従来の文字，音声・音楽，図表，画像，映像などのモードでアナログ的に記録された媒体の情報・データをすべてデジタル信号によるコード化で DVD，CD などのディスクや IC 記録媒体

に電子的に変換させ記録できる。但し，記録された内容を人間の知覚で認識できる形状や音声などに変換するためには，アナログ時代と同様に光学装置のディスプレイや音響装置のスピーカやイヤーフォンなどの再現手段が不可欠である。科学技術の発達の予見は難しいが，近い将来，このような変換装置を用いないで直接電気信号を直接視覚，聴覚に作用させて"見る"，"聞く"ことが可能になるであろう。

　媒体の変遷は，科学・技術の進歩に依存しているが，もっとも伝統的な紙媒体は電子教科書をはじめとする電子書籍が普及しても，その手軽さと簡便さゆえに消滅することはないであろう。なぜなら，ワープロ専用機が全盛期の1980年代には保存媒体は磁気フロッピーディスクとなり，近い将来，ペーパーレス社会が実現するだろうと予言された。しかし，実際には今日に至るまで，その予言は外れている。紙媒体の手軽さや手書きの容易さなど，紙媒体は千年以上前から使い続けられてきた実績をもつ。一方，近年，新しい媒体が次々と開発されてきたが，性能，機能面で優れた媒体が新たに実用化されると，それまで利用されていた媒体が駆逐されるという経過を繰り返している。引き続き同じ媒体を利用しようと思っても，もはや情報・データを記録・再生する手段である装置が生産中止となっている。このような媒体の変遷と現状を背景にして，貴重な映像・音声の記録内容などを後世に伝えるためにアーカイブス（archives）が注目されている。アーカイブスは新しい媒体が発明された時点で貴重な記録内容を文字・映像情報のファイルとして複写し，検索や再現可能な形でデータベース化し保存される。

③　機能別分類
　既述した通り教育メディアが単体，単一機能で存在した時代には，視覚，聴覚など人間の知覚機能を拡充・補完するという基本概念と媒体の材質あるいは動作原理に基づいて分類できた。例えば，材質・製作法によっては印刷教材，フィルム教材があり，提示手法による分類名としてはフラッシュ教材がある他，代表的な視聴覚機器であるスライドプロジェクターや映写機は電気系・光学系メディアとして分類された。ラジオやテレビは，電気通信系メディアであり，

その下位分類項目では音声メディア，映像メディア，あるいは複合メディアとして容易に分類できた。

　その後，新たな教育メディアの出現により，情報提示の順序性を分類軸に加えることによって，従来の教育メディアをリニア系（線形）とし，マルチメディアあるいはハイパーメディアをノンリニア系（非線形）とする分類も試みられた。マルチメディアが出現するまでにもノンリニア系の発想と潜在需要は存在し，一部実用化が図られていた。例えば，集団一斉授業で RA（response analyzer）と10台前後のスライドプロジェクターとを連動させ，多岐選択肢（multi-choice）の質問や発問に対する学習者の反応比率によって，スライドプロジェクターのスライド画面がコンピュータ制御により選択され映写された。

　電子黒板，電子教科書などの実用化は，従来の教育メディアの概念を一変させる可能性がある。黒板，教科書はともに既存の教育メディアを代表する存在であるが，前者の一体型電子黒板の外観は大型液晶（またはプラズマ）ディスプレイ画面であり，後者の媒体は CD や DVD である。外観や多様な機能は既存のものと大幅に異なるが，教育情報（学習情報）の内容（コンテンツ）と利用方法の重要性などは，基本的に変わらない。しかし，インターネットなどを経由して情報源へ一斉，あるいは個別にアクセスし必要な情報を入手，再生できる機能は，学習者の多様な思考過程や学習スタイルに柔軟に対応できる可能性がある。

　タブレットパソコンで代表される携帯型パソコンは，従来の人間の視聴覚機能の拡大・補完以上に思考の道具として位置付けられる。但し，インターネット経由でウェブ上に提供されているポータルサイトへ接続し各種教育情報を入手できる環境にあり，自ら情報発信が自在にできること，文字，図表，描画などで発想が自在に表出・表現できるソフトウェア（アプリケーションソフト）が搭載されていることなどが前提である。思考結果ばかりでなく思考過程そのものが文章や図形で手書き同様の感覚で表現でき，ディスプレイ上に再現・再生・消去できる機能が望ましい。そして，学習者同士，あるいは教授者と学習者とが対面だけでなく，必要に応じて随時情報交換できる通信機能と環境が望まれる。

### 1.3.3 教育メディアの効果測定と評価

　教育メディアの利用を測定する方法・手段とその結果を評価するためには，それぞれの目標と指標・視点を決め，その妥当性を検討する必要がある。すでに述べてきたように，教育メディアの教授・学習活動への利用効果について評価する困難さは，評価に寄与あるいは影響する要因が多様で一義的に決定づけられない特殊性に起因する。教授・学習活動において相互に影響し合う要因は一様でなく複合的である。一般に専用の教育メディアは学力観に基づく教育観・学習観・教材観のもとで企画され作られた後，利用される。したがって，企画・作成時と利用時の教育観などが整合すれば，評価は高まることが予測される。これら教育理念に加えて評価に影響する要因としては，教師や学習者個々人の個性や学習履歴・生育環境，価値観，期待度など人間としての相性，集団としての特性や傾向など，枚挙に暇がない。

　このように不確定要因の多い現象・事象を分析し検証するため，多くの変量や相互の関係を同時に考慮する必要がある。このため，より少数の変量で対象の現象を説明する手法として多変量解析が用いられる。直接観察不能な仮想的潜在変数を説明モデルに導入し，多数の観測値間に見られる相互関係を少数の因子得点の合成変数で縮減的に説明する因子分析法，共分散構造分析法，多次元尺度分析法などの適用事例が教育工学の論文には多く見られる。例えば，学習効果はどのような学習過程から導かれるのか，客観的に学力を測定するのにどのような方法がふさわしいか，学習者はどのような学習に満足感を感じるのか，学習効果は学習者の適性とどのような関係があるのか，教育メディアの利用効果だけを抽出できるのかなど，検討すべき測定対象とする視点は多様である。メディアの利用者である学習者個別，あるいは相互間の発話記録（プロトコール；protocol）を文脈分析する手法も評価方法として有効である。

　一般に教育メディアの利用効果の検証に当たっては，利用対象群を該当の学習ソフトを利用する群と利用しない群の二群に分け，測定対象を客観的，主観的な面から測定する方法がとられる。この場合，利用対象群間で学習上の有利・不利が生じない配慮と対応は不可欠である。

　通常，測定結果の処理に限らず事前の評価テストや評定尺度選択式調査紙の

作成段階にも前処理として統計処理が行われる。例えば、評価項目の設定に当たっては、初めに自由連想法で評価項目を抽出した後、それをもとに因子分析法を適用して少数の潜在的変量を抽出するため、妥当性が担保される範囲の項目名と項目数に限定する。さらに変動要因の実態を統計学的に検証するため、必要に応じては、選択行動遷移分析法や遷移図の作成に至る場合も見られる。一般に評価テストでは客観的データ（量的データ）が、満足度測定などは主観的データ（質的データ）が扱われるが、両者とも統計手法を適用することによって、結果の妥当性や正当性が担保されるよう配慮する。このため、教育メディアを含め教育事象を対象に測定や評価を行う者にとって、統計学の基礎知識や処理技法を修得することは説得力がある結論を主張する上で不可欠である。絵本や映画の映像理解の評価などについて自叙伝風に紹介した生田（2002）の報告は参考になるであろう。

① 教授・学習評価の考え方

　教育メディアの評価と密接に関係するのは教授・学習評価である。教授・学習活動において、教育メディアが双方の目的を達成させることに寄与することが期待される。例えば、従来、存在しなかった新たな教育メディアを利用することによって、教授者、学習者それぞれの立場で未利用時と比べそれぞれ認知面、情意面、行動面で所期の変化・変容が見られるかを検証する。新たな教育メディアの利用が非利用時と比べ、学習内容の理解が促進され定着度が向上するとともに、他者配慮、協調性、積極性などの意識と行動が習得されることが実証できれば、効果があったと認められよう。教育メディアの利用効果を評価するのに関わる評価因子は、教育メディア自体の内容・機能などのほか、教育観・学習観などの理念に加えて、学習集団や学習者一人ひとりの適性や教授者の力量など、能力や適性に関わる要因が挙げられる。それらの要因が整合すれば、教授者、学習者のそれぞれの立場で教授・学習活動に対する満足度が高まるであろう。

　すでに述べたように教授・学習評価は、教育観・学力観に対する認識によっても異なる。評価を行うためには、評価の対象を決め対象の構成要素の妥当性

と関連性，そして何らかの数量化と意味付けが必要になる。認知面，情意面，行動面が評価対象の側面と考えられるが，3つの側面がそれぞれ独立変数でなく相互に関連している。

　教育メディアが介在した教授・学習評価を行うにあたっては，教授者，学習者という二者の立場の関係性を対象とするだけに常に困難さがつきまとう。例えば，授業における教育メディアの利用効果を検証するためには，年間計画の枠組みのもとで実施されている授業運営や形態を研究のために一時的とはいえ変更する必要が生ずる場合が想定される。また，研究の枠組みを優先し測定条件を可能な限り統制させるためには，教授者や学習者らの協力を得なければならない。測定の条件をそろえるために何を対象にして変化・変容の指標にするか，また，その指標が評価対象を代表し信頼できるかどうかを検討する必要がある。

② 測定方法と評価の妥当性

　新しい学習ソフト，教育技術や装置・道具が開発されると，その有用性を検証するため内容の妥当性・正当性，機能性や操作性の優劣さなどに加え，利用者の認知面，心理面，生理面など，多様な視点から測定・観察し評価を行う。ここでは，教育事象を対象にした測定と評価の困難さと特徴について述べておきたい。

　例えば，教育事象における比較研究を一つの事例として，学校における授業を前提にする。授業における教授・学習活動は，年間あるいは学期単位の実施計画に基づいて行われている。このため，実験室における実験条件を厳格に設定できる比較研究方法や枠組みと異なり，対象群を統制群，実験群，ヨーク群などのように設定するには多大な困難が伴う。一つの教育メディアの利用効果について学習集団を対象に比較研究すると仮定しよう。まず，利用者群と非利用者群に設定する場合，両者の対象群としての妥当性と均質性を保障し検証する必要がある。実験中に二群の一方に有利・不利の発生が予測される場合は，実験終了後にはその不利を軽減し補償・補完する対策が必要になる。また，認知，情意面，行動面のいずれかの変容を検証する場合，その変容は一度だけ，

第1章 教育メディアの概観

あるいは短時間の学習条件の設定変化だけで定着するかどうかの妥当性や信頼性について検討する必要がある。人間の知覚特性としてウェーバー・フェヒナ効果（Weber-Fechner Effects）[18]を考慮すると，いわゆる"物珍しさ"が一時的に人間の意識・感情を高揚させ行動を活発化にさせる傾向が見られる。ウェーバー・フェヒナ効果を回避したり軽減させたりするには，実験対象の測定・観察期間を学期，あるいは1年間などのように可能な限り長く設定することが望まれる。全国規模あるいは自治体単位で実施されるプロジェクト研究では，事前に設定された選定基準に従って数校が研究指定校に指定される場合がある。この場合，教師，児童・生徒とも"選ばれた存在"であると意識する状況が生ずるかも知れない。この優越感ともいうべき意識が意識面，行動面に一時的な変化・変容を与える，いわゆるホーソン効果（Hawthorne effect）[19]が生ずる可能性がある。教育実践の場へ新しい教育メディアを導入し利用するにあたって，予測される成果・効果や妥当性を検証するために事前，事中，事後の評価活動を継続することは極めて重要である。教育メディアの利用効果を検証し評価する困難さは，多様で多相な要因が複雑に関係し影響している点に集約される。例えば，教授者の教育観・学習観や教授・学習目的など理念的な面に加え，教師の力量，学習者の価値観，能力，資質，学習履歴，興味・関心など適性や学習環境などが，要因として挙げられる。

注
(1) 例えば，意図的な無声，白黒の映画「裸の島」（監督，脚本：新藤兼人監督）の映像を分析対象として，視聴能力（読み解き能力）の検証手段に用いた水越，井上光洋，生田などの異色の研究（1996）もある。
(2) これは授業におけるテレビ放送番組の視聴に当たって，視聴前・中・後で見どころ，留意点，総括などの解説を補足すべきという山下静雄の主張に対し，視聴するだけで提示内容が把握・理解されるべきという西本三十二の主張の論争である。
(3) パソコンによる文書処理・保存・再利用のシステム化を OA（Office Automation）と称し，製造ラインの効率・省力化では産業用ロボットの導入などを FA（Factory Automation）と称した。職能資格ではシステムエンジニア（SE：System Engineer）が11種に細分化された。
(4) 教育工学分野では，菅井勝雄（1993）が T. S. Kuhn（1962）のパラダイム論をもとに科学・技術の変遷と教育工学の発展の関係性と理論的必要性を紹介した。

⑸ 1980年以来，井上光洋，大隅紀和，内海成治，水越敏行ら，多くの教育工学研究者がJICA専門家としてメディア教育分野等で途上国に貢献してきた。

⑹ 経済学者のJ. A. シュムペーター（J. A. Sehumpeter：1883-1950）が技術革新について述べた理論の見直しが行われ，この表現・表記が注目されたと言われる。

⑺ 生涯学習は，ユネスコのポール・ラングラン（Paul Lengrand 1965）が提唱したもので，本来は生涯教育（life-long integrated education）と呼ばれた。日本では，人々が自己の充実・啓発や生活の向上のために，自発的意思に基づいて行うことを基本とし，必要に応じて自己に適した手段・方法を自ら選んで，生涯を通じて行う学習だという定義（1988年の中央教育審議会答申「生涯教育について」より）が広く用いられている。

⑻ O. ボイドバレット（O. Boyd-barret 1992）は，1945年以降のメディア研究の経緯を概観して，1980年代後半から1990年代をクリティカルな読み手の時代と位置づけた。

⑼ 平成17年の中央教育審議会答申に示された言葉で，21世紀は「知識基盤社会」（knowledge-based society）の時代であると述べている。そして，「知識基盤社会」の定義として，新しい知識・情報・技術が政治，経済，文化をはじめ社会のあらゆる領域での活動の基盤として飛躍的に重要性を増す社会である」と定義している。

⑽ 文部省・文科省の諸令資料などによると，手島精一がアメリカから幻灯機・スライドを持ち帰った後（1874年），大日本教育幻燈会が発足（1883年）している。全日本活映教育研究会（1928年）が全日本映画教育研究会（1933年）に改称される。全国視聴覚教育研究会開催（1950年）に続き，文部省は『視聴覚教育の手引き』を刊行（1952年）した。佐賀啓男（編著）（2002）『改訂視聴覚メディアと教育』樹村房の中で資料３.「視聴覚教育年表」に経緯が簡潔にまとめられている。

⑾ アメリカの社会学者ダニエル・ベル（Daniel Bell 1962）によって提唱された。それまでの規格化された製品の大量生産，大量流通を旨とする，いわゆる工業社会から脱皮し，多種少量生産，情報・知識，サービスを重視する産業構造の変革社会を指す。日本のマスコミでは，重厚長大産業から軽量短小産業へと表現された。

⑿ 水越の多数の編著書が，学校教育現場を基盤にした学習並びに教育メディアを含むメディア教育の変遷と成果を紹介している。参考文献にはその一部を挙げている。

⒀ PISA（Programme for International Student Achievement）とは，経済協力開発機構（OECD：ヨーロッパ，北米などの先進諸国によって，国際経済全般について協議することを目的とする国際機関）によって３年ごとに実施される教科別の国際的な生徒の学習到達度調査のこと。知識技能を実生活で遭遇する課題に応用できるかを測る出題意図と内容であり，我が国では国際学習到達度調査と呼ばれている。

⒁ 教育工学選書第１巻に教育工学の学問としての位置づけと性格並びに学会設立に至る経緯などが詳細に述べられている。

⒂ 臨時中央教育審議会第１次答申（1985年６月）で教育改革の基本方向と主要課題が提言されたが，その中で教育の国際化とともに教育の情報化・情報教育の重要性が指摘された。これが我が国における教育の情報化の幕開けと喩えられる。

⒃ 佐藤学（東京大学）が提唱する教育実践で，「学びの共同体」としての学校は，子どもたちが学び育ち合うだけでなく，教師も専門家として学び育ちあう場所であり，親や市民

⒄　スペース・コラボレーション・システム（SCS）は，通信衛星を通して全国の大学・研究機関間で映像・音声を介し多局間同時双方向通信が可能な教育・研究専用システムである。1996年度に運用開始されたが，老朽化と高速情報通信網の完備で2010年度にその役割を終えた。

⒅　物理的刺激と心理的感覚との間の数量的関係を明らかにした法則である。刺激強度と感覚強度の間の関係を数式で表したもので，刺激が繰り返されると，感覚，知覚の閾値が高くなる現象である。つまり，人間の感覚，知覚の受容が慣れによって鈍くなることを示す。

⒆　米国のホーソン工場で，労働者の作業効率の向上を目指す調査から発見された現象である。1924～32年に実施された調査の結果，労働環境の物理的要因以上に，労働者は周囲の人々や上司から注目されることで，彼ら自身が周囲の期待に応えようとする傾向が強まることが見られた。

## 参考文献

赤堀侃司（1997）「研究事例から見た教育工学研究方法の特徴と課題」日本教育工学関連学協会連合第5回大会論文集：45-48.

東洋（1968）『教育学研究入門教育工学』東京大学出版会.

Bell, Daniel (1973) *The Coming of Post-Industrial Society ; A Venture in Social Forecasting*, Basic Book.

Bloom, B. S., J. T. Hastings & G. F. Maclaus（著）（1971），梶田叡一・藤田恵璽・渋谷憲一（訳）（1973）『教育評価法ハンドブック』 第一法規.

Bloom, B. S., Engelhart, M. D., Furst, E. J., Hill, W. H., & Krathwohl, D. R. (Eds.) (1956) *Taxonomy of Educational Objectives : The Classification of Educational Goals – Handbook 1 : Cognitive Domain.* London, WI: Longmans, Green & Co. Ltd.

Bruner, J. S.（著）（1960），鈴木祥蔵・佐藤三郎（訳）（1963）『教育の課程』岩波書店.

Cronbach, L. J. (1967) "How can Instruction be adapted to individual difference?" R. M. Gagné (ed.) *Learning and Individual Differences.* Charies Merrill.

Dale, E.（著）（1946），有光成徳（訳）（1950）『学習指導における聴視覚的方法 上巻』政経タイムズ社出版部.

Dale, E.（著）（1951），西本三十二（訳）（1957）『デールの視聴覚教育』日本放送教育協会.

Erikson, E. H.（著）（1959），小此木啓吾（訳編）（1973）『自我同一性』誠信書房.

Havighurst, R. J.（著）（1953），荘司雅子（訳）（1958）『人間の発達課題と教育』牧書店.

Hoban, C. F., C. F. Hoban Jr.and S. B. Zisman (1937) "Why visual aids in teaching?" In Visualizing the Curriculum, The Cordon Company, 3-26.

Ikuta, Takashi, and Yasushi Gotoh (2009) Towards the Construction of Media Literacy in Japan, NUSS ; Niigata University Scholars Series.

生田孝至・松井仁・井上光洋（1996）「多次元尺度法による視聴者の映像認知構造の分析――「裸の島」を素材として」『教育工学論文誌』20(3)：151-159.

生田孝至（2002）「子どもとメディア」「教育とメディア」論集刊行会編『教育とメディア』

財団法人日本視聴覚教育協会，29-39.
井上光洋（1971）『教育工学の基礎』国土社．
井上光洋（1984）『教育学大全集29巻教育工学』第一法規．
上月節子（1986）「心身障害児のテレビ視聴時における生理・心理反応」『教育工学雑誌』10(3)：31-42.
Kuhn, T. S. (1962) *The Structure of Scientific Revolutions*, University of Chicago.
「教育とメディア」論集刊行会（2002）『教育とメディア』財団法人日本視聴覚教育協会．
Langrand, P.（著）(1965), 波多野完治（訳）(1972)『生涯教育入門』全日本社会教育連合会．
Macluhan, M.（著）(1964), 栗原裕・河本仲聖（訳）(1987)『メディア論　人間の拡張の諸相』みすず書房．
牧野由香里・永野和男（2002）「表現・コミュニケーション能力育成のためのスピーチ演習カリキュラムの開発」『日本教育工学会論文誌』25(4)：225-236.
増田末雄ほか（1990）『心理学——人間行動の基礎的理解』福村出版．
水越敏行（編著）(1986)『NEW 放送教育——メディアのミックスと新しい評価』日本放送教育協会．
水越敏行（編著）(1994)『授業への挑戦121 メディアが変わる授業を変える』明治図書．
水越敏行（監修，菅井勝雄（編著）(1995)『現代教育技術学下巻「メディア」による新しい学習』明治図書．
中野照海・平沢茂（編著）(1987)『実践教職課程講座14　教育メディア』日本教育図書センター．
野津良夫（1976）『紙芝居・標本・模型の機能と利用法』第一法規．
日本教育工学会（編）(2000)『教育工学事典』実教出版．
西本三十二（編）(1965)『視聴覚教育50講』日本放送教育協会．
西本三十二・西本洋一（1964）『教育工学』紀伊国屋書店．
日本視聴覚教育協会（2001）『視聴覚教育——読む年表（1945-2000）教育の IT 化への歩み』視聴覚教育，55(12)．
織田守矢ほか（1983）「ビデオ教材の概念構造核場面構造及び感動構造（道徳番組の例）」『教育工学雑誌』8(2)：51-60.
Piaget, J.（著）(1956), 波多野完治・滝沢武久（訳）(1967)『知能の心理学』みすず書房．
坂元昂（1971）『教育工学の原理と方法』明治図書．
坂元昂ほか（1971）「特集教育革新をめざす教育工学の構想」『現代教育工学』1，明治図書．
坂元昂（2003）「日本における教育工学創設期の状況——日本教育工学会設立の経緯」『日本教育工学会論文誌』27(1)：1-10.
佐賀啓男（編著）(2002)『改訂視聴覚メディアと教育』樹村房．
Schremm, W. (1977) *Big Media and Little Media*, Sage Publications.
Shannon, C. E. & W. Weaver（著）(1967), 長谷川淳・井上光洋（訳）(1969)『コミュニケーションの数学的理論』明治図書．
清水康敬・安隆模（1976）「板書文字の適当な大きさに関する研究」『教育工学雑誌』1(4)：

169-176.
清水康敬ほか（1981）「OHP 提示における指示棒の効果」『教育工学雑誌』6(1)：11-17.
末武国弘・岸本唯博（編著）（1973）『実技講座教育工学の実践第 2 集　OHP の活用と TP 制作の実際』学習研究社.
菅井勝雄（1993）「教育工学――構成主義の『学習論』に出会う，特集―学習論の再検討」『教育学研究』60(3)：27-37.
上野辰美・大内茂男・小倉喜久・主原正夫・野津良夫（1974）『視聴覚教育新論』明治図書.

# 第 2 章

# 教育メディアの系譜

黒上晴夫

## 2.1 教育メディアの役割

　通常，教室における学習に関わるのは，教師と学習者である。教師は，教える内容を学習者に伝え，指導事項についての記憶や思考が生まれるように授業を構成する。学習者は，様々な学習リソース（情報源）を基に，学習すべき事項を習得したり，習得した事柄を活用して理解を深めたりする。この教師と学習者の関係を仲介するものがメディアだというのが一般の理解である。教師は，教科書や副読本などのメディアをはじめとして，掛け図や ICT による教材，実物投影機などのメディアを用いて授業をする。多様なメディアを使い分けながら行う授業もあれば，教科書のみを用いる授業もある。どのような授業であっても，教育メディアは重要な学習のリソースとなる。

　一方で，教育の形がインターネットの登場によって大きく変わってきたことも見逃せない。学習者が 1 人 1 台端末を所有していることを前提として，家庭で学習用の動画等を用いて教科内容を学習し，それを基にして発展的な学習を授業で行う反転学習（Flipped Classroom）の試みも，盛んに行われるようになっている。小学校や中学校の教育はまだ通学を前提としているが，高等学校や大学では，通学しないで学習するための仕組みが整ってきている。海外では，小学校においても通学しないで学習をすすめるホームスクールを制度化している所も少なくない。生涯学習や企業教育においては，また異なるメディアの用い方が想定される。このような，教師と直接関わらないところで行われる学習

においても，教育メディアが重要な学習の手段となりリソースとなる。

以下では，教育メディアが用いられる目的について，5つの視点から整理してみよう。

### 2.1.1　情報伝達のためのメディア

教育メディアの基本的な機能は，教授意図と学習されるべき情報を学習者に伝えることである。そのためにメディアがもつべき特徴は，伝えるべき情報をなるべくそのまま表現することである。したがって，実物が何よりも正確で優秀なメディアだと考えられがちである。

イネとは何かを伝えるには，イネそのものを提示するのがもっとも伝わりやすいと考えられる。しかし，実はそこにも限界がある。それはイネの全てを表しているわけではないということである。イネにも種類がある。学習者に示せるイネは，そのうちの一部に過ぎない。米をつくるイネにも多くの種類がある。さらに，イネ科の植物にはコムギ，トウモロコシ，ライムギなどが属する。そのような広がりの中でのイネの意味については，ただ一つの実物を見せるだけでは伝えきれない。また，ものの名前としてのイネについて伝えることと，イネが育つ環境やその社会的な意味については，実物としてのイネとは違う次元で多様に理解されねばならない事項である。実物を見せて得られる理解は，まさにその実物に即した「これはイネである」という宣言的な知識であって，イネに関わる背景知識は別に伝えなければならない事項である。

実物として伝えられない事項を伝達するために，実物を何らかの形で表象するメディアが用いられる。もっとも手近なメディアが絵や図である。イネについて，いくつかの種の特徴に焦点を当てて解説する図を描けば，実物を見せる以上に種の違いが明確になる場合もあると考えられる。絵や図には，伝達したい事項の特徴を捉えて伝える力がある。そのかわりに，実物のもつ手触りや香りなどの感覚は犠牲にされる。イネが成育する場所についての情報を含む動画を用意することも考えられる。この動画で伝えられる情報は，どのような環境で育つのか，成育時期によってどのように様子がちがうのか，稲筵（いなむしろ）が風に揺れる情景はどのようなものかなどの様々な動的イメージである。情報伝達の域を

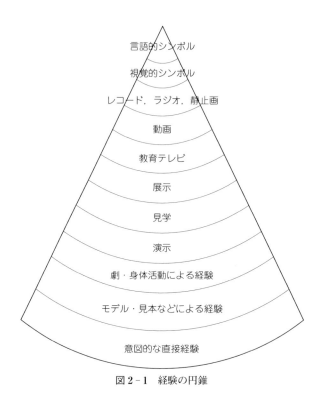

図2-1　経験の円錐

超えるかもしれないが，このような動的イメージを「夕露の玉しく小田の稲むしろ　かへす穂末に月ぞ宿れる」（山家集）というような句と重ねて，教師のもつ稲田のイメージを伝える授業を計画するとき，この句もメディアといって良いだろう。

　このように，メディアが伝達する情報には，具体的な実体と結びついた情報から，抽象化された情報まで，様々な抽象度の違いがある。

　メディアと関連した学習経験が，どの程度の抽象度の情報を伝えることができるかという視点で示されたモデルが，デールの経験の円錐（図2-1）である。意図的な直接経験（Direct, Purposeful Experiences）から言語的シンボル（Verbal Symbols）まで10段階に分けられた経験について，「端的に言うと，可能な限りの方法で経験を与えるべきだ」（Dale 1946：48）というのがデールの主張であっ

た。伝えるべき事項が確実に伝わるようにするために，様々な抽象度のメディアの組合せを決めるのが教師の役割となる。

### 2.1.2 学習内容としてのメディア

いうまでもなく，教科書は，学ぶべき内容が詰まった，もっとも重要なメディアである。前項では，教師が伝えるべき情報を確実に伝達するためのメディアについて述べたが，その伝えるべき情報の多くが教科書に記されている。「教科書で教える」のか「教科書を教える」のかという古くからの議論は，メディアと教師の関係を考える上で有用である。

前者は，教師が指導事項を伝えるためのメディアの一つとして教科書を捉える立場であるが，「教科書を教える」立場においては，教師が教科書というメディアの解説者という位置付けになる。学習者の目標は，教科書の記載内容を記憶したり，課題や問題を解けるようになることである。教師は，記載内容について不明な部分を解説したり，課題や問題の解き方を解説したりする。教科書の内容に沿った問いを投げかけることによって，理解を促進することも重要な役割である。

歴史の教科書には，多くの場合出来事や人物の業績について時系列で記載されている。通史を理解した教師には，時代を超えたそれらの関連や他の教科・科目との関連がみえる。教科書に記載されていない事柄を知ることで，記憶が助けられたり理解が深まったりすることもある。数学の複数の既習事項を組み合わせなければ解けない問題で，そのことをヒントとして与えることが解答につながることがある。それらを適宜示すようなことが，教科書の解説になる。「教科書を教える」といっても，ただ棒暗記させるだけではなく，教科書の内容を深く理解させることが重要で，そのためには，深く理解するとはどういうことかについての教師の解釈があり，それをもとにした授業の方法や進め方，解説の仕方が考えられなければならない。

映像を視聴させる授業をすることがある。今日ではそれがデジタルコンテンツとしてインターネット経由で伝送され，プロジェクタ等で投影される。しかしNHKによって授業で用いられる映像が放送され利用され始めた1959年以降，

テレビの放送番組が主にそのリソースであった。この時期（録画機器の普及によって，教師の意図によって必要な映像を自在に見せられるようになるまで）メディアの直接教授性が注目された。放送番組をプロデュースする際には，限られた時間の中で指導事項が確実に伝わるよう，その見せ方やストーリーが考慮されている。映像を見ることで，充分学習が成立するようになっている。したがって，授業で視聴させる場合も，番組全体をまるごと見せることが肝要であるという主張である。だからといって，番組を見せるだけで授業が終わるわけではない。番組視聴後の「初発の質問」の質を高めることが教師には求められた。番組内容から何を考えさせるのか，に関する問いである。番組内容とその問いとの関係で，学習者の学習内容がちがってくる。ここにも，教科書と教師の関係と同じ構図がある。番組の内容を教師が決めることはできないが，内容のどこに注目するか，それを既習事項や生活経験の何と関連づけるかなどについては，教師がデザインする。

### 2.1.3　教授者としてのメディア

　メディアを用いて，学習者が自律的に学習する状況も考えられる。一人で学習できる参考書や問題集を用いた学習である。それらの教材は，学習内容の解説，内容の理解をうながす練習問題，理解の状態を測る評価問題，問題の解答などによって構成されている。一般にそのような教材では，問題を解きながらスキルを習得し，それが後の問題を説くための基礎になるというように，系統的に内容が構成されている。教材の内容を順序よく学習していけば，学習すべき内容が習得されるようになっている。

　ここには，学校教育で想定するようは教師は介在しない。教師がいなくても学習が成立するように，自力解決できるように細かく解説が施され，解答にも解説がつけられている。これらを定期的に通信で提供して，学習の進度をコントロールするのが通信教育である。学校における学習の補助として，あるいはメインの学習コースとして用いられてきた。参考書による学習では得られない，自分の解答に対する直接のフィードバックや，他の学習者の解答との比較などが得られるのが通信教育というメディアの特徴である。そのような教材をオン

ライン化して，学習リソースや課題の提供，学習成果の評価とフィードバック，学習進度のコントロールなどができるようにした遠隔学習システムも使われるようになった。

ここで教師の立場にあるのは，コースの設計者とフィードバックを返す役割をもつ評価者である。また，遠隔学習システムの場合は，学習者同士や，学習者とコース設計者あるいは評価者とのコミュニケーションをとるためにメディアを用いることができる。

### 2.1.4　学習道具としてのメディア

学習者自身がメディアを用いて情報を集め，自分の考えをまとめたり発表したりすることが求められる場合がある。社会科の授業では，調べ学習を行うことが多い。調べ学習では，様々な情報源から取り寄せた資料や，現地に出向いて収集した情報をリソースとして，課題に対する答えや考えをまとめる。そのときに調べる対象や手段となるのがメディアである。もちろん，インターネットは今日では重要なメディアとなっている。実際，調べ学習を支援するサイトを企業や個人，教育に関連する組織などが多く立ち上げており，小学生でも利用できるように文字や内容の扱いについても細かく配慮されている。このような学習は，もちろん社会科だけでなくその他の教科においても，様々に実践されているしそれが求められてもいる。

課題を設定し，調べて，集めた情報を分析し，まとめて報告するまでの全プロセスを（なるべく）自分自身でコントロールするのが，総合的な学習の時間の特徴だといえる。総合的な学習の時間では，「探究」をキーワードにして，このような学習が繰り返し行われる。地域の施設や組織，人々などは，当然この学習のためのメディアあるいは情報源と見ることができる。そして，やはりインターネットは欠かせないメディアとなる。一方で，有用な情報が選択され整理されて掲載されている図書資料も，探究の足場となる重要なメディアである。

いずれにおいても重視されるのは，学習者が主体的にメディアを用いて情報を集めたり，メディアが提供する情報を解釈したりすることである。そのため，

教師の役割は，学習の流れの大枠を決めたり要所におけるアドバイスをしたりすることが主になる。どのような情報が提供されるかを予測できないことが少なくなく，それらを事前に計画したり準備したりもできないことが多い。このような学習はプロジェクト法とよばれることもあり，①現実社会の問題に対して，②全身全霊で，③協力しながら，④自分たち自身の力で，⑤計画的に学習を進めるなどの特徴をもつ。そこには本質的に，情報を正確に覚えたり理解したりすることとにとどまらない教育目標がある。その中心が，学習の仕方を学ぶことであるが，それは今日的には，メディアを用いて問題解決学習を行う方法のことを意味するといってよい。

　もう一つ重要な側面が，メディアを用いた報告やディスカッションである。教室にプレゼンテーションに使えるメディアが常置されつつあるが，それらを用いて自分（たち）の考えを報告することが盛んに行われるようになっている。従来も模造紙やホワイトボード，黒板などのメディアを使って考えを伝えさせる授業が行われてきた。しかし，情報教育の普及や，言語活動についての関心の高まりは，ICT機器の導入と相まって，学習者によるメディアを介したプレゼンテーションの機会を増やしているといえる。

　また，グループでの話し合いのときにタブレット端末を用いることで，自己の考えを他のメンバーに的確に伝えて議論したり，みんなでタブレット端末に表示した考えを修正したりするような学習活動が容易に行えるようになった。もちろんそれは，クラス全体でのグループ発表につながっていく。

## 2.1.5　コミュニティをつくるメディア

　メディアが，学習者のコミュニティをつくるために用いられることもある。先に遠隔学習システムについて触れたが，例えば大学における講義と並行して，受講生のディスカッションボードを運用することが行われるようになってきた。そこでは，講義で出されたテーマについて，受講生の意見が述べられ深められることが期待されている。また，そこでの議論に参加しているかどうか，参加の仕方はどうか，等を評価する講義もある。

　初等中等教育でも，学習者のコミュニケーション形成を試みた事例がある。

第2章 教育メディアの系譜

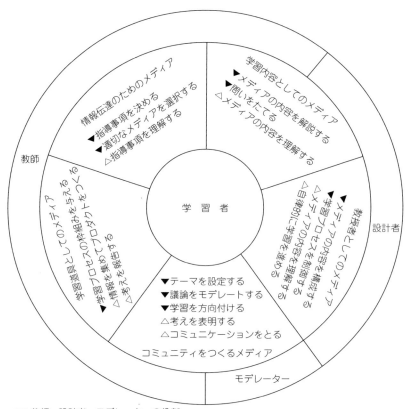

▼：教師・設計者・モデレーターの役割
△：学習者のメディアへの関わり

図2-2 教育メディアの5つの役割

遠隔地にある学級同士が，同じテーマについて協同で学習する，学校間協同学習などがそれにあたる（稲垣ほか 2004）。オンライン上に会議室を設けて，テーマについて調べたことを共有したり，賛否の意見を闘わせたりするような試みが行われている。

これらの学習コミュニティには，それをコーディネートして，場合によっては介入する立場の教師やチューターやモデレーターが存在することが多い。学習とは関係のないところにディスカッションが流れないように，またより深い学習が行われるように，的を絞って仲介する役割を果たす。

ここまで，教育メディアの利用目的について，学習者や教師等との関係を中心に見てきたが，それらをまとめて図2-2に示す。図の中心には学習者をおいている。学習者はメディアを手段としてあるいはリソースとして用いて学習する。外周には教師だけでなく，教育メディアの設計者やオンライン・コミュニケーションのモデレーターを置いている。中間層が教育メディアで，メディアは学習者と教師等の間に位置している。教育メディアの層は，教育メディアが果たす役割の違いによって5つに分割されている。

　実際の教育活動においては，どれかの役割だけに絞って使われることはあまりない。指導事項や利用できる教材の特徴，授業の目標等に応じて，様々なメディアが多様な使い方で利用されている。知識を確実に伝えるとき，考え方を学ばせるとき，コミュニケーションを活性化したいときなど，もっとも適切なメディアを選び，もっとも適切な利用方法を検討することが重要である。

　また，学習者がどのようにメディアと関わるのかについて，図中に示してある。メディアの内容を見聞きして記憶するだけの受動的な関わりはもちろんあり得るが，それでも記憶の前提に理解するという主体的な行為が想定される。学習が成立するとき，そこには多かれ少なかれ主体的に，メディアの内容を理解したり，メディアを用いて考えを表明したり，メディアを通してコミュニティに参加したりする学習者が存在する。教師はメディアを用いて教えるが，学習者はメディアとのやりとりあるいはメディアを介したやりとりによって学ぶのである。

### 2.1.6　教育の目標と教育メディア

　教育メディアを用いる目的と教育目標とには，密接な関わりがある。すでに教育目標との関わりについては述べてきているが改めて整理してみたい。教育目標については，ブルーム（Bloom et al. 1956）が，認知的領域，情意的領域，精神運動領域の3つの領域からなる階層化された目標の見方を提示した。その後，いくつかの改訂や改良が加えられている（例えば，Anderson et al. 2001）。マルザーノ（Marzano et al. 2007：13）のものは，3つの領域を統合してメタ認知のような高次な思考も加えた立体的なモデルとして示されている（図2-3）。

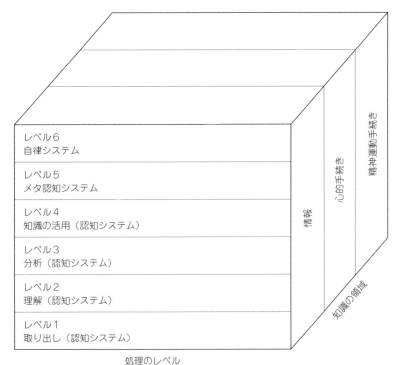

図2-3 マルザーノの新しい教育目標の分類体系
出典：Marzano et al.（2007：13）．

　マルザーノは，教育目標を「情報」，「心的手続き」，「精神運動手続き」の3つの知識の領域に分け，それぞれに「認知システム」，「メタ認知システム」，「自律システム」の3つの階層，6つのレベル（認知システムが4つのレベルに分けられている）を想定する。ブルームにおいては知識は認知的領域のもっとも低い階層におかれていたが，マルザーノは全てを知識と関連づけているのである。そして，「階層構造をもつのは思考のシステムである」（Ibid：22）という。メタ認知システムと自律システムについて簡単に触れておこう。メタ認知システムとは，認知システムで扱われる知識に対して，学習課題の特定を行い，学習プロセスや成果をモニタリングする思考である。一方，自律システムとは，課題遂行の重要性や効果，課題に向かう自分自身の動機や感情状態を検証して

表2-1 教育目的と教育メディアの機能

| 教育メディアの役割 | 教育目標 | | |
|---|---|---|---|
| | 認知システム | メタ認知システム | 自律システム |
| 情報伝達のためのメディア | ・指導事項を提示する | ― | ― |
| 学習内容としてのメディア | ・学習内容を提示する | ― | ― |
| 教授者としてのメディア | ・学習内容を提示する<br>・学習内容のリクエストを処理する | ・学習の進捗状況をモニタリングさせる<br>・解答の正誤を示す | ・学習目標を設定させる<br>・学習計画を設定させる<br>・理解度をリフレクションさせる |
| 学習道具としてのメディア | ・情報の収集手段を提供する | ・情報を整理・発信する手段を提供する<br>・学習の進捗状況をふり返る手段を提供する | ― |
| コミュニティをつくるメディア | ・情報の収集手段を提供する<br>・コミュニティに参加することで学習が深まるしくみを提供する | ・学習の進捗状況をふり返る手段を提供する<br>・コミュニケーションの状態をモニタリングさせる | ・学習目標，学習計画が生まれる環境を提供する<br>・コミュニケーションが継続，発展する環境を提供する |

コントロールする思考である。これらがうまく作動することによって，学習が自律的になると考えられる。

　これらの教育目標の達成に関して，教育メディアがもつべき機能を表2-1に示した。情報伝達のために教育メディアを用いることは，主に認知システムと関わる。教師が伝えたい指導事項を正確に伝え，理解させることに主眼がおかれる。情報領域では，学習させる事項を示し，その意味を伝える。事項同士の関係や既有知識との関係を示すこともある。心的手続きの領域では，例えば計算が行われるときの認知的操作のプロセスなどがイメージとして示されたり，対照実験とは何かが図示されたりする。精神運動手続きの領域では，運動のイメージが動画で示される。このように，教師が指導事項として示したいことをわかりやすく伝える機能を，教育メディアがもつことがのぞまれる。細部を拡大したり，強張したい部分をデフォルメしたり構造をモデル化して見せるよう

な使い方は，正にこの目的に資するものである。

　学習内容としてのメディアも，主に認知システムと関わる。学習されるべき知識は，教育メディアが伝えるメッセージそのものである。したがって，知識の領域が何であれ，それが明確に示されることが重要である。学習の進行は，教師によって担われるため，メタ認知システムや自律システムと関連する機能は，情報伝達のためのメディアと同様，あまり必要とはされない。

　教授者としてのメディアという位置づけにおいては，より多くのメディアの機能が期待される。すなわち，情報伝達のためのメディアや学習内容としてのメディアにおいて教師が担っていた役割を，教育メディアが担う必要が出てくるのである。認知システムに関しては，学習内容としてのメディアと同じく，学習内容に関する情報を明確に提供することが求められる。e-ラーニングのように，学習者各自が個別に学習を進められるシステムの場合，学習ペースに応じて基幹となる情報を提供することも役割の一つとなる。それ以外に，学習者が必要とする情報のリクエストを受け，リクエストに応じた情報を提供する機能も必要になる。例えば，わかりにくい部分について繰り返して情報を流したり異なる説明を提供したりするようなことである。

　自己学習を進める際に重要なのは，目標を明確にもたせて学習意欲を高め，維持させることである。そのことによって，自律システムに関しては，一定時間内にどれくらいの量の課題をこなすか，いつどのように学習を進めるかなどの見通しを立てさせることが重要な機能になる。また，学習課題に対して，どの程度理解できているかを自分自身でふり返る機会を設けることも，自律システム思考を高めることに資すると考えられる。そのようなはたらきかけによって，自律的に学習に向かう姿勢が保障されると，実際にどのように学習を進めているかについてのモニタリングに関する情報も与える必要が生じる。そのためには，目標に対して学習がどの程度進んでいるかを示したり，実際に学習内容を理解できているのかどうかを自分自身で確認するための情報が示される必要がある。CAIシステムのように，学習のコントロールをシステムが行う場合は，メタ認知システムや自律システムとの関連は薄くなるが，そこにメタ認知システムや自律システムに関わる機能を埋めこむことによって，それらの目

的に近づくことができると考えられる。

　学習の道具としてメディアを利用する場合，メディアの利用主体は当然学習者である。そして，認知システムに関わる主な利用方法は，必要な情報を収集することである。調べ学習の課題が示されるなどして，それについて調べる場面などを思い起こすと良い。メディアの機能としては，正に情報を収集することを可能にするということだが，探している情報により効果的に接近できるようにサポートするような機能があるのが望ましい。

　学習のプロセスを考えると，情報を収集した後には，それを整理・分析して自己の意見としてまとめ，発表したり報告したりする自律的な学習が続くことになる。ここでのメディアの機能は，情報を整理するためのデータベースを提供したり，グラフ化する機能をもつツールを提供したりすることである。この学習のプロセスについては，常にどのような形で学習したことがまとめられているのかをふり返って修正することが必要になるが，それをサポートするような機能がのぞまれる。学習の完了時には，学習成果を報告したり発表したりするための場を提供することも必要である。発表や報告には，フィードバックが返ることが望まれる。地域について調べてわかったことを学校のウェブサイトで公開してフィードバックをもらうような仕組みは，これにあたる。このように，学習の進捗状況と成果に対する評価情報を提供することで，学習者のメタ認知システムに関わる思考を助けることになる。

　最後の，コミュニティをつくるメディアとしての位置づけでは，学習者が主体的にコミュニティに参加する中で，学習を深めることをうながす機能が重要となる。認知システムに関しては，コミュニティに参加する中で情報を収集し，理解や考えが深まるような仕組みが提供される必要がある。コミュニティ全体の会話が学習目標の達成を志向するようにうながされるような仕組みということである。

　メタ認知システムに関しては，コミュニケーションを通して課題の解決にどのくらい接近しているかについての情報が与えられることが望まれる。コミュニケーションの状態についての情報も有用である。自分がコミュニティにどれぐらい積極的に関わり貢献しているのかを，投稿数や他者からの反応によって

可視化するような仕組みである。これらを通じて，学習プロセスについてのメタ認知が喚起されると考えられる。

コミュニティに参加する意味や意義を自覚しつつ，目標を定めて計画的にコミュニケーションをとることをうながすような仕組みは自律システムに関わる機能である。また，学習の進捗状況をコミュニケーション自体が継続し，より質の高いものに変えていくことを目指させるような情報も重要である。

## 2.2 教育メディアの選択

### 2.2.1 メディア選択の必要性

授業で教育メディアを用いるときに迫られるのは，先述のとおり，どのメディアをどのように用いるかというメディア選択と利用方法の問題である。メディア選択の目的は，教授意図の最大化，すなわち教育目標を最大限に達成させることである。

図2-3は，プレゼンテーションに用いられるメディアをその機能（情報の送出・仲介・表示）によって分けた図である。この図では，プレゼンテーションが学習者による発表や報告という意味だけでなく，教師による説明も含めて使われている。実物や模型などのメディアは，他の道具を使わずそのまま示すことができるので，独立系メディアとされている。授業においては，独立系のメディアだけを用いることもあるが，送出，仲介，表示のそれぞれの系のメディアを組み合わせて利用することも多い。

教育に関わるメディアは，図2-4に示されたもの以外にも数多くある。図2-4に整理されているのは，教室に設置されていたり持ち込めたりするメディアだけであって，学校外の博物館や博物館の展示物，地域の文化施設や文化遺産などは含まれていないし，インターネット上の様々なリソースも送出系メディアに情報を取り込む前の段階なので除外されている。実社会のことを学ぶことが学校での学習の一つの目的であるから，社会にあるもの全てを対象として，あるいは学習方法として扱うことが想定される。そのような広がりの中で教育メディアを捉えると，実際に授業でメディアを用いるときに何をどのよ

69

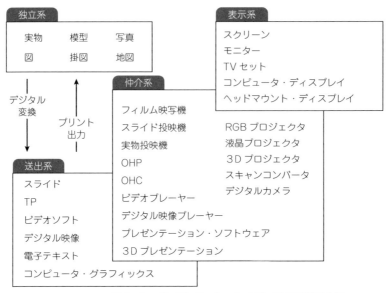

図2-4　プレゼンテーションメディアの機能系分類
出典：教育工学事典（2000：454）．

うに選択するかというのは大きな問題になる。

　通常の授業を考えると，どのメディアを選ぶかについては，あまり意識することはない。教師の念頭にあるのは学習内容を確実に伝えることであり，その目的にかなうメディアを自然に利用している。どの場合にどのメディアで何をするかが教え方のパターンの中に組み込まれていて，ある意味ルーチン化しているといっても良い。選択をしないのではなく，選択が自動化されているのである。

　しかし，メディアの選択について意識する契機はいくつかある。例えば，従来通りのやり方で教えているのに学習者の反応がいつもとは違っていることに気付いた場合である。学習指導要領の改訂や教科書の変更，新しい出来事が起こるなどして，教える内容が変わる場合もある。より理解を深めようとしたり，新しい内容をどう伝えるかを考えたりする時，どのようなメディアによって伝えるかが意識にのぼることになる。また，ICTなどの新しい道具が利用できるようになったとき，そのメディアをこれまでの教え方とどうマッチングさせ

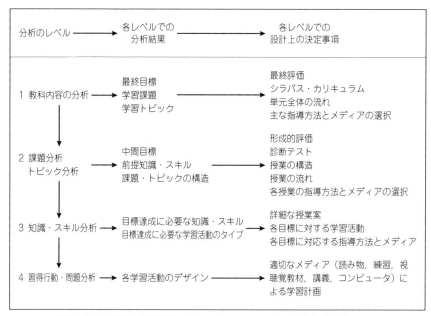

図 2-5　4 段階の授業設計（インストラクショナルデザイン）プロセス
出典：Romiszowsky（1981：341）．

るか検討が迫まられることになる。学校の研究テーマなどとの関わりで，授業の目標から見直すことになると，それはメディアの選択にも及ぶことになる。

### 2.2.2　メディア選択の手順

　メディア選択の手順についてロミソフスキーは，次の 2 段階のモデルを提示している（Romiszowsky 1981：340）。
　① 授業全体あるいはその中の対象となる部分の内容に適さないメディアを排除する。ここで残ったメディアはどれも，必要な学習情報を提供できるべきだという原則に従う。このプロセスを「排除による選択」と呼ぶ。
　② 残ったメディアの中から，経済的制約，実践上の制約，教師と学習者の特性とスキルを考慮して適切なものを選ぶ。
　この 2 段階モデルは，教授システム全体の設計を前提としているため，各授

業におけるメディア選択はその一部分の作業ということになる。図2-5はロミソフスキーの示す単元全体の設計（インストラクショナルデザイン）プロセスである。プロセスは，単元の大枠を決めるレベル1から，各分節の学習課題を決めるレベル2，各分節における指導事項を決めるレベル3，そして学習活動を決めるレベル4によって構成されていて，そのそれぞれのレベルで何らかのメディア選択が行われるという。単元の目標が決まった段階で利用できないメディアが排除され，目標達成に適したメディアが残る。課題が決まった段階でも，同じようなメディア選択が行われる。レベル3でも，同様である。ただし，各レベルで常にメディアを決めてしまう必要はないという。実際，授業設計は必ずしも常に目標から各学習活動に降りるものではなく，一定の柔軟性が必要である。その中で，利用メディアも柔軟に決まっていくのが望ましいだろう。

　ロミソフスキーは，メディアの適切性を判断する要因も挙げている。第一段階での判断基準は，学習内容，学習目標，学習者である。学習者の状態に即して学習内容と学習目標が決まり，その学習内容・目標に関する情報を伝えられないメディアが排除される。次の段階の基準は，学習目標，学習者と教師の特性などの人の要因，設備・時間・利用の可否などの実践上の制約，経済上の制約が考慮されるという。

　このようなシステマティックなメディア選択のモデルは，他にもいくつか提案されているが（Reiser & Gagne 1983 など），どれもかなり複雑な時間のかかるプロセスに見える。組織内の体系的な学習コースや訓練プログラムの開発時に適用されると，有効な方法だと考えられる。

　また，そのような論理的なメディア選択のプロセスを経ていても，最適な選択結果が唯一決まるわけでもない。この点についてハイト（E. U. Heidt 1989）は，「教育環境のこの複雑性のため，さまざまな潜在的な要因のリストに配慮しながら，主観的に良いと判断されるものを選択する」（p. 397）ということにならざるを得ないという。

### 2.2.3　メディアの属性

　適切なメディアの選択を行う際には，メディアの属性は重要な要因になる。

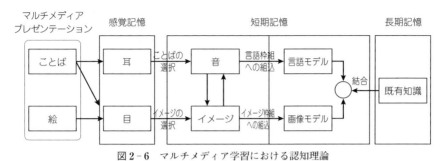

図2-6　マルチメディア学習における認知理論

出典：Mayer（2005：37）.

　メディアの属性について記述する視点は限りなくあるが，どのような感覚チャンネルを用いるかはとても重要である。なかでも，「視聴覚教育（audio-visual education）」というように，視覚と聴覚は情報の入力において極めて重要な感覚器官である。ここに注目して，マイヤー（R. Mayer 2005）は，情報の経路に関して「二重チャンネル仮説」を提唱する（図2-6）。学習情報は，視覚情報と聴覚情報が別々に処理され，それぞれが別の短期記憶に落とし込まれて処理されるという。したがって，視覚情報と聴覚情報が組み合わされた学習情報を処理するのは，複数の視覚情報（文字と画像など）が組み合わされた学習情報を処理するよりも多くの認知的情報処理が必要になるという。しかし，マルチメディアにおける視覚情報と聴覚情報は排他的にではなく，必要なものが選択されて頭の中に論理的な構成物を作るように働くのだという。チャンドラーら（Chandler & Sweller 1991）のいう，「効果的な教材によって，学習の準備ではなく学習そのものに関連した活動に，認知的リソースを傾注できるようになる。もし学習者が必要以上にバラバラになった文や図を相互に参照して頭の中で組み合せなければならないようなことになると，学習が効果的ではなくなる。情報が分割されていると，学習に入る前にそれを頭の中で統合する必要が出てくるため，認知的負荷が高まるのである」（p. 293）ということも考慮に入れると，なるべく同じ形式の学習情報をあらかじめ組み合わせて提供することが望ましいということになる。

　これは，マルチメディア学習や e-ラーニング，すなわちデジタルメディア

による学習コースを設計する文脈の中でのことだが，教室の学習においてはより多様なメディアをリソースとして用いて五感に響く学習経験を設計することになる。もちろん，チャンドラーが指摘する認知的負荷がかからないように，注目すべき感覚についての教示が添えられるような環境においてである。その中で，香りや触覚がそのままの形で情報として記憶され活用されるというわけではない。言語による何らかの概念化（例えば硫化水素の臭いを腐卵臭として概念化する）が行われることによって伝達や相互理解，そして学習が可能になることが多い。しかし一方で，実際には言語には表現できない香りや触覚が学習にとって重要となる場面もある。一般にデジタルメディアは，視覚情報と聴覚情報しか扱えないが，教室での学習においてはことばや絵だけでなく，その他の様々な感覚チャンネルを経由した情報も学習リソースと捉える必要が出てくるだろう。

### 2.2.4　メディアコミュニケーションの方向性

メディアは情報を媒介するものであるから，情報の伝達の方向について意識する必要がある。ラジオやテレビは，原則単一方向のメディアである。番組制作者や放送局から学習者に向かって放映される情報を，学習者は受信機を用いて視聴する。テレビがデジタル化される中で，学習利用における双方向的な利用についての実験的研究も行われた（黒上ほか 2006）が，普及してはいない。

単一方向のメディアを授業で利用するのは次のような場合である。
　① 何らかの事情によって教師の授業を代替する
　② 指導事項を提示する目的で教師が意図的に利用する

①における学習場面では，メディアから送られた学習情報を，学習者が直接受け取り，解釈・判断しなければならない。教師ができるのは，ガイダンスや視聴後の課題など，内容理解や考えを深めるためのプロンプトを提供することである。

②の場合は，教師と学習者が同じ空間にいて，同じ情報を得ている。教師はその上で，それをもとに授業が展開できる。

これらが，コンピュータやインターネットが導入されるまでの様子であった。

しかし，インターネットなどの双方向メディアが巷間で盛んに利用され，学校にも導入される中で，単一方向のメディアを提供してきた機関が，様々な形で双方向化を目指してきた。視聴者の要望によって番組内容を変えることはテレビ局にとっては大変難しい。番組以外の情報提供チャンネルを用いれば，ある程度可能なこともある。番組に関わるアンケートに地上デジタル放送のリモコン操作で回答させて，番組の中で結果を紹介するようなことは可能である。しかし，一つ一つの番組の内容，長さ，放映時間が厳密に決まっているテレビ放送においては，内容そのものを臨機応変に変えることは通常できない。

インターネットのような，時間のしばりがないメディアは，より柔軟な使い方ができる。例えば，得たい情報を自由に選ぶこと，動画などの情報を，必要な箇所から必要な箇所まで視聴することなどが可能である。いわゆるインタラクティブに情報を入手することができるのである。このことが，教育においてはどのような意味をもつのかを，次に考えてみよう。

## 2.3　教育メディアとインタラクション

### 2.3.1　第1世代〜第5世代のメディア

教育に用いられるメディアは，主にその時代に普及したメディアを反映する形で移りかわってきた。表2-2はリッチモンド（Richmond 1967）が英国の教育メディア利用について整理した表を基に，近年使われるようになったメディアを付け加えて再整理したものである。リッチモンドは，第1世代を「中世」，第2世代を「ルネッサンス」のメディアだとしており，世代を分けるキーワードは，「複製」である。第1世代は教師や学習者が独自に内容を作る複製の効かないメディアで，第2世代になるとそれらが印刷などの手段を用いて複製され増やされたメディアである。

第2世代と第3世代を分けるキーワードは「エンリッチメント」である。第3世代では，より真実に近い情報をありのままに学習者に届けるために，言葉による抽象的な情報伝達から，多様なメディアを利用した具体的な情報伝達を試みるようになったといえる。学習者に伝えられる情報が，音や実写映像，動

画などに拡大され，学習が様々な感覚を通して行われることになったのである。

そして，第4世代へのキーワードは「個人差への対応」であろう。個々の学習者の特性が認識，把握されるようになり，それが学習内容や順序，学習の方法に反映されるようにメディアが可塑的な特徴を帯びるようになっている。因みに，第3，4世代のそれぞれをリッチモンドは「第一次産業革命」と「第二次産業革命」と呼んでいる。第二次産業革命は，通常ベルトコンベアによる大量生産や大規模化を意味するが，リッチモンドの真意は，学習者の増大によって，教師と学習者が1対1で学習を進める対面型から一斉指導型に学習の形態が変わりつつも，教育メディアによって，その中できめ細かで効率的な個人差への対応を実現することを指していると考えてもよいだろう。第4世代の教育メディアに含まれる，プログラム教材はこの時代の教育メディア利用の背景にある強力な考え方，「行動主義」を象徴する。

リッチモンドの分類表からさらに約40年を経た時点での教育メディアについて，デジタル機器の普及に応じてさらに，レーザーディスク，パーソナルコンピュータ，マルチメディア，インターネット，デジタル放送，デジタル教科書等を第5世代として付け加えて再整理した。この整理の視点の中心は，世代や時代区分ではなく，むしろそのメディアの操作主体におかれている。つまり，当初の教育メディアは教師が学習者に情報を伝達する目的で使われた（あるいはそういうふうにしか利用できなかった）が，個人差への対応を目指す第4世代以降のメディアにおいては，操作の主体が学習者に移る。そして，映像や音声などの多様なモードの情報を同時に（同じような操作によって）利用できるメディアが開発され普及するに従って，教師と学習者のそれぞれが目的的に操作しながら学習を進めるようになる。メディア活用が柔軟に，かつ主体的になるのである。ここに世代の切り替わりを認めるならば，そのキーワードは「インタラクション」だといえよう。学習理論上のバックグラウンドは「認知主義」，「構成主義」，「社会的構成主義」，さらには「状況的学習論」である。知識を伝達する際の効果を個人差という視点で捉えた第4世代と一線を画して，学習者が能力，関心などに応じて主体的に学習を進める柔軟な学習環境を提供することにメディアの機能が移行してきたと見るのである。

第2章 教育メディアの系譜

表2-2 教育メディアの変遷

| 世代を分ける鍵概念 | メディアの世代 | 感覚チャンネル | 情報モード | 操作主体 | 利用形態 | 学校での活用開始時期 |
|---|---|---|---|---|---|---|
| ↓ 複製 ↓ エンリッチメント ↓ ↓ 個人差への対応 ↓ 主体的インタラクション ↓ | 第1世代のメディア | | | | | |
| | ・演示, 黒板とチョーク, ドラマ | 視-聴 | 文字, 音声と絵 | 教師・学習者 | 集団 | 初期 |
| | ・一覧, モデル, 図式, 地図, グラフなど | 視 | 文字と絵 | 教師・学習者 | 両方 | 初期 |
| | 第2世代のメディア | | | | | |
| | ・教科書, ワークブック, 印刷教材など | 視 | 主として文字 | 教師・学習者 | 個別 | 1450年以降 |
| | 第3世代のメディア | | | | | |
| | ・写真, スライド, フィルムストリップ, 光学プロジェクターなど | 視 | 絵, 図, 写真 | 教師 | 集団 | 19, 20世紀 |
| | ・無声映画 | 視 | 動画 | 教師 | 集団 | 20世紀初期 |
| | ・レコード | 聴 | 音声 | 教師 | 集団 | 19世紀後半 |
| | ・ラジオ | 聴 | 音声 | 教師 | 集団 | 1920年代 |
| | ・有声映画 | 聴-視 | 音声と動画 | 教師 | 集団 | 1930年代 |
| | ・テープレコーダー | 聴 | 音声 | 教師 | 集団 | 1960年代 |
| | ・教育テレビ | 聴-視 | 映像・音声 | 教師 | 集団 | 1950年代 |
| | ・ビデオレコーダー | 聴-視 | 映像・音声 | 教師 | 集団・個別 | 1980年代 |
| | 第4世代のメディア | | | | | |
| | ・LL | 聴 | 音声 | 教師 | 集団・個別 | 1950年代 |
| | ・プログラム教材 | 視 | 文字 | 利用者 | 個別 | 1960年代 |
| | ・CAI | 視 | 文字・画像 | 利用者 | 個別 | 1970年代 |
| | 第5世代のメディア | | | | | |
| | ・ハイパーメディア, マルチメディア | 聴-視 | 文字・映像・音声 | 教師・学習者 | 集団・個別 | 1990年代 |
| | ・バーチャルリアリティ | 聴-視 | 映像・音声 | 教師・学習者 | 個別 | 1990年代 |
| | ・インターネット | 聴-視 | 文字・映像・音声 | 教師・学習者 | 集団・個別 | 2000年代 |
| | ・e-ラーニング | 聴-視 | 文字・映像・音声 | 学習者 | 個別 | … |
| | ・デジタル放送 | 聴-視 | 映像・音声・文字 | 教師・学習者 | 集団・個別 | … |

出典：Richmond（1967）の表をもとに改変。

以下では，このインタラクションに焦点を当てて，そのことと教育メディアの関わりについて見ていくことにする。

### 2.3.2 インタラクションとは何か

一般にインタラクションは「相互作用」と訳される。綾部（1991）はインタラクション（原典ではインターアクション）を「人と人との間で取り交わされる心理的接触と相互交流の総体」（p.14）とする。このようにインタラクショ

ンを捉えるとき，何らかのコミュニティ（集団）があり，コミュニケーションがあればそこにはインタラクションが存在することになる。したがって，教室におけるインタラクションは，教室にいる教師や学習者など全ての者同士の「情報や行為などのやりとり」と捉えられる。学校における教育研究では，一般に教室内の教師や学習者の間の様々なコミュニケーション（言語的，非言語的コミュニケーションの両方）を対象にするが，それらすべてがインタラクションに含まれるわけである。このとき，インタラクションによって影響を受け，何らかの「動作」が期待される対象は，人間（教師あるいは学習者）である。

　一方で，表2-2にあるプログラム教材では，教師と学習者の間のインタラクションではないところに，インタラクションが想定されている。学習者は，あらかじめ準備された教材によって出題される問題に対して解答し，その解答に対する反応が返ってくる。この連鎖を繰り返すことで，学習が成立するのである。ここで重要なのは，学習者と教材の間のインタラクションである。教師の存在は，背景にかすむ。

　また，「人とコンピュータのインタラクション」という場合，一般に対話型のインターフェイスによってコンピュータを操作することを指す。ACM SIG-CHI（Association for Computing Machinery における Computer-Human Interaction に関する Special Interest Group）では，ヒューマン・コンピュータ・インタラクションを「人間が利用する対話型コンピュータシステムのデザイン，評価，実装および，その主な周辺領域の研究に関する学問分野である」と定義しているが，今日コンピュータの操作は，コンソールに命令文を打ち込むことによってプログラムを稼働させる操作方法以外に，ディスプレイに表示されるダイアログ（対話）ボックスに対して Yes/No を入力したり，グラフィカルに表示されたアイコンをマウスでクリックする直感的なインターフェイスをもつ。このようなインターフェイスにおいては，人間がコンピュータに働きかけ，またコンピュータが人間に働きかける相互作用がほぼリアルタイムに成立している。ただしこのとき，「動作」を期待する対象はコンピュータである。対話型のインターフェイスによってコンピュータが動作することが，ヒューマン・コン

ピュータ・インタラクションである。

### 2.3.3 インタラクションと教育メディア

　学習とテクノロジー（工学技術）の結びつきを早い段階で象徴するものは，1924年にプレッシー（S. L. Pressey）によって開発されたティーチング・マシンである。ティーチング・マシンは，技能や知識を個別学習で習得できるように「問題提示→学習者の反応→フィードバック」のプロセスを自動化したもので，学習者は正解を出すまで同じ問題に直面していなければならないようになっていた。「試験答案の誤答がなおされて，長い日時がたってから手もとに返されてきたときには，もう学生の行動は改変されないのである。しかしがなら，みずから採点する機械によって即時に誤答を修正してゆくことは，重要な教育の効果をもたらすことになる。…中略…機械は学生各自に適した速度で教えることができるのである」（スキナー　1958：136）というのは，スキナー（B. F. Skinner）の分析である。

　この単純な機械はその後，オペラント条件付け理論を背景にしたプログラム学習へつながる。スキナーは，「生徒には選択肢が与えられず，代わりに所定の空白部分に自分の反応を書くように求められ，次いで，印刷されたテープが進むと，すでに書いた自分の答えと対照するために正答が出現する」（バウアー＆ヒルガード　1988：319）ようなプログラム学習を開発した。それは，①教材を論理的系統に従ってスモール・ステップに分ける，②この系統を，誤答数が低くなるように改訂する，③学習者による目に見える反応，④直ちに正しい反応を示す，⑤学習を自分のペースでできる，というような特徴をもつ（ERAUT　1989：411）。この4番目と5番目が，プログラム学習におけるインタラクションの特徴を表している。学習者は，自分の回答のの正否をすぐさま知らされ（フィードバック），理解の速度に合わせて課題が提示されるのである。

　一方，クラウダー（N. A. Crowder）は，学習者の能力や学習状態，反応に応じて学習コースが分岐したり，段階を飛び越えたりするようなプログラム学習を考えた。「下準備をよくしていない生徒はより簡単な教材へ戻る道をとるべきであり，よく準備した生徒はいくつかの教材を飛びこえて進むべきであると

考えた」（バウアー＆ヒルガード 1988：321）のである。この場合，インタラクションは，学習者の理解の度合である。さらに，分岐型のプログラム学習は，理解の仕方に合わせたインタラクションを実現するように進化していく。

　プログラム学習の歴史は同時にコンピュータの教育利用の歴史でもある。コンピュータによって学習をコントロールしようという試みは，1959年にイリノイ州立大学で始まり，日本でも CAI（コンピュータに援助された教授：Computer Assisted Instruction）を作成する様々な試みが行われた。なかでも，コンピュータのプログラムに学習者がよくやる誤答パターンを埋め込み，学習者によって出題された問題に誤答を返すことによって学習者のリフレクションを促すという「認知的 CAI」（菅井ほか 1989）では，学習者はコンピュータが間違えそうな問題をグループで考え，返された誤答が生まれるプロセスを修正することを繰り返しながら，徐々に誤答排出率が下がっていくという動的な学習環境を実現している。学習者とコンピュータのインタラクションがなければ，学習が成立しない上に，運用上異なる誤答パターンをもつ学習者を組み合わせてグループを作ることによって，誤答かどうか判断する段階や誤答を修正する段階において，様々なグループ内のインタラクションを生むことも報告されている。

### 2.3.4　遠隔教育とインタラクション

　遠隔教育においては，インタラクションの問題が乗り越えるべき壁と捉えられてきた。元来遠隔教育は，通学不可能な地区に暮らす学習者のために，郵便や電話回線，あるいは放送を用いて学習内容を届ける試みである。郵便による遠隔教育の歴史は1700年代初期にまで遡るが，テクノロジーを用いたものは1930年代になって実現した。

　テレビは遠隔教育において重要な役割を担うようになる。テレビを用いた遠隔教育は，1932年にはアイオワ州立大学が学習コースを伝送する実験を行っている。しかし，それは通信教育とは別の次元で実施されており，それらが統合的に遠隔地の学習者に対する教育手段として認識されたのは，1956年の NUEA（全米大学拡張協会）の試みにおいてであった。

　それでも，例えばオーストラリアのクインズランド州では遠隔教育による大

学教育は正式なものとは見なされず，資格や技術を身につけるための単位履修的な扱いであった。こういった流れに変化を与える契機となるのは，イギリスのオープンユニバーシティである。

キャンパスでの正式な大学に通うことができなかった人たちへの学習機会を提供する目的で，放送を利用したオープンユニバーシティは1969年に承認され，初年度（1971年度）から十分な登録者を得た。そして，1980年までの学生総数は7万人を超え，毎年約6000人が卒業する大成功を収めた。この成功を見て，英国の他の大学でも生涯教育を対象とした様々な試みが行われるようになり，さらにはその影響は海外の高等教育機関へも波及するようになる。

こうして1989年には，オーストラリアの39の高等教育機関でも遠隔教育プログラムが実施され，19の大学のうち10校で，33の高等教育カレッジのうち29校で遠隔教育の制度が運用されるようになった。各教育機関は，数百〜6,000人の学生数を数え，高校レベルで11万人，職業専門学校（TAFE）で6万人，高等教育機関で5万人という総数になっている。高等教育機関について見ると，国立の総合大学の学生のうち9％が，州立の高等教育カレッジのうち15％が遠隔教育を受けている計算になる。

初等中等教育まで含めて遠隔教育を組織的に実施した例としては，やはりオーストラリアが注目に値する。オーストラリアは広大な面積を有する大陸で，人工が南部と東部の海岸周辺に偏在するという特徴がある。それでも教育の機会均等のために，都市から1,000 km以上も離れた地区まで教育を届けなければならない。そのような事情で，遠隔教育は早くから試みられ，1901年に巡回教師による遠隔教育制度が始まっている。ただし，文字通り教師が巡回するこの形式を，この項における遠隔教育として位置づけるのには無理がある。本来の意味での遠隔教育は1922年の郵便による遠隔教育制度の創設を待たねばなるまい。その後，ラジオの活用（1971），音声カセットを配信する形式（1973），インターネット電話の活用（1997），コンピュータ教材を配信する形式（1999）とメディアを変えながら継続していく。

ラジオからインターネット電話に切り替わる段階で，ラジオによる遠隔教育の限界について，フィンガー（Finger et al. 2001）は，次の6つを挙げている。

表 2-3　遠隔学習の世代

| | |
|---|---|
| 第1世代 | 「通信教育世代」双方向性の確保のために郵便を利用する通信教育。時間と場所に関係なく大人数に提供する代わりに，教師と学習者の双方向コミュニケーションは遅く貧弱で決まった期限内に制限されていた。 |
| 第2世代 | 「遠隔コミュニケーション世代・マルチメディア遠隔教育世代」音声，映像，データを電気通信を利用して伝える。電話やテレビ会議なども含み，印刷教材とそれらを統合した形態。 |
| 第3世代 | 教育プロセスに関わる教師・学習者の会話を促進する通信技術を利用する。通信ネットワークや衛星技術によって，アナログやデジタルのコンテンツをコンピュータに伝送する形態。ビデオ会議や単方向ビデオ，双方向音声通信などでリアルタイムのインタラクションが実現した。 |
| 第4世代 | インターネットによって，強力な共同学習環境が生起し，客観主義的アプローチから構成主義的な学習環境に移った。インターネットを介した"電話授業"によって，学習者は教師だけでなく相互にインタラクションをとる。プリントなどの旧来のメディアと統合して用いて効果を発揮する。 |

出典：フィンガーら（Finger, et al., 2001）の示した遠隔学習の世代を整理したもの。

① 教師と学習者は音の中断・減衰と闘わなければならなかった
② 悪天候では授業が中止された
③ 相互に音が聞き取れないことが何度もあった
④ 他の学習者の音声が届かなかった
⑤ 教師が説明を繰り返さなければならないことが何度もあった
⑥ 教師が利用できる教授方法が非常に限定されていた

この③，④，⑤，そして解釈によっては⑥がインタラクションに関わる言及で，ラジオによる遠隔教育がインターネット電話を利用した「電話授業：telephone teaching」に移り変わることによって，音声のやりとりが常時安定し，また，学習者相互のインタラクションが保証され，その中で構成主義的な学習も可能になったとされている。今日のクインズランド州における初中遠隔教育は，フィンガーのいう第4世代で，CD-ROM や DVD で視聴覚教材を届けてインタラクティブで面白い学習体験を提供しつつ，電話授業によって教室とのインタラクションを保証する統合的な形態に変化しているのである。

## 2.3.5 遠隔教育の意味の拡張

ところで，ヤッキ（M. Yacci 2000）によれば「遠隔教育は教育実践の一つの形で，距離と時間において特徴をもつ。つまり，学習者と教師（そして他の学習者）が距離あるいは時間において隔絶されている」という状態で行われる教育活動を遠隔教育と呼ぶ。一方，ガリソンとシェール（Garrison and Shale 1987）による次の定義は，遠隔教育を教師と学習者の間の双方向コミュニケーションという視点から捉えたものである。

(1) 遠隔教育は，教師と学習者の教育的なコミュニケーションの大部分が非連続的なものである
(2) 遠隔教育は，学習プロセスを支えたり促進したりするために，教師と学習者の間で双方向コミュニケーションを行う
(3) 遠隔教育は，双方向コミュニケーションを仲介するテクノロジーを利用する

放送を用いた遠隔教育では，原則的に教師側から学習内容が配信されることにおける時間の遅延はなく，距離における隔絶が「遠隔」の意味となる。しかし，この隔絶によって，学習者側から教師にコミュニケーションをとることが難しくなる。教師から学習者に対して情報が流れ，逆に学習者から教師に対しても情報が流れる双方向的コミュニケーションを距離的に隔絶した場所の間で保証するためには，情報が双方向にリアルタイムにやりとりできる何らかの通信手段が必要になる。インターネットの発明と普及によって，この双方向性が飛躍的に向上したことはいうまでもない。その特徴は少なくとも3つある。

① 同期と非同期の共存：電子メールやチャットなどの技術を用いて，質疑応答がリアルタイムでできる一方で，同期をとらない双方向通信も可能である
② 同時アクセス：電子メールや掲示板などの技術を用いて，多くの学習者が一斉に質問や意見を送信することができる
③ 学習者のコミュニティ：掲示板などの技術を用いて，学習者同士が連

絡をとれるコミュニティ空間を構成することができる

　これらの特徴によって「遠隔教育」の形態やしくみが大きく変化し，e-ラーニングやWBTなどがむしろそれを象徴するようになってきている。その中で，インタラクションの定義や意味について，以下のように検討されてきた。

① どこでインタラクションが起こるか

　ムーア（Moore 1989）は，遠隔教育におけるインタラクションを，①学習者⇄学習内容，②学習者⇄教授者，③学習者⇄学習者，の3つに分類した。

　「学習者⇄学習内容」のインタラクションは，印刷教材，ラジオやテレビの番組，音声テープ，ビデオテープ，コンピュータソフト，ビデオディスクなどの形式をとり，学習者はそれらを教材として自己学習する。

　「学習者⇄教授者」のインタラクションは，教材を準備したエキスパートあるいは教師と学習者の間で起こる。教師は学習者に，学習意欲をもたせ，学習内容を提示したりスキルを演示したり，態度や価値を伝えるためにモデルを見せたりする。さらに学習者の進歩を評価し，ストラテジーを変えるかどうかを見きわめ，学習者をサポートしたり激励を与えたりする。

　「学習者⇄学習者」のインタラクションは，遠隔教育の歴史の中では新しい次元である。しかし，グループのメンバー間でのインターネットは，学習にとって効果的である。ただ，その効果は，学習者の年齢，経験，自律性などに依存する。

　この3つの類型に対して，ヒルマンら（Hilman et al. 1994）は，相互作用をつなぐものとしてインターフェイスをつけくわえた。インターフェイスは，学習内容，学習者，教授者それぞれの間に存在する。これは，例えば学習者が学習内容を閲覧するときに，それを仲介するインターフェイスを道具として使うことが必要となるが，学習者の使い方やスキルに応じて，またインターフェイスの難易度などに応じて学習内容が提供されるという意味である。学習内容を準備する教師にとっても，それを仲介するインターフェイスとのインタラクションが問題になる。また，学習者と教師の間のコミュニケーションも，何らかのインターフェイスを介して行われる。このインターフェイスに対して，学習者

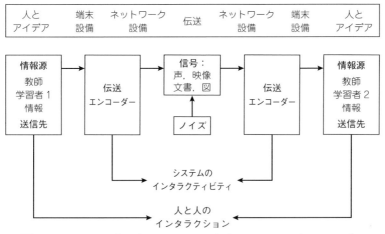

図2-7 ワグナーによるインタラクションとインタラクティビティのモデル

と教師の両者のスキルや使い方がインタラクションに影響を与える。

アンダーソン（Anderson 2003）はまた，「教授者⇄教授者」と「学習内容⇄学習内容」のインタラクションを想定した。前者は，複数の教授者がコース開発に関わる場合に発生する問題であり，インターネット上の学習コース開発においては一般的である。たとえ同一コースの開発に同時に関わらないにしても，同じ組織におけるコースは操作性や内容の形式，学習者とのやりとりの方法などにおいて，共通の特徴をもつことが期待されるため，その情報を共有する意味で，これは不可欠である。また，同じ学習者が複数のコースを履修することも一般的であり，その成績管理を行う場合にも，教授者同士のインタラクションは発生する。

後者は，ある内容が学習されることが，次の学習内容やその形式などに影響を与える場合を想定している。W3C（W3C 1999）の「セマンティックウェブ：モノとモノの間の明示的な関係を記述し，機械によって自動的に処理を行うことを意図した意味情報を含む，文書やその一部よりなるウェブ」の考え方に基づいている。ただ，ワグナー（Wagner 1994）に従えば，これはインタラクティビティの範疇に入り，インタラクションと区別される。ワグナーは，シャノンとウィーバー（Shannon & Weaver 1949）の一般コミュニケーションモデル

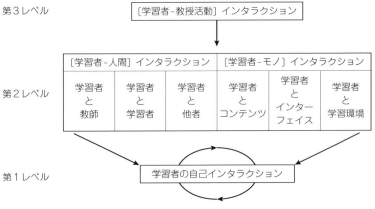

図2-8　ヒルミによるインタラクション・モデル

を基に，図2-7のモデルを提示した。シャノンらのモデルで情報源とされているところに，学習者や教師などが置かれ，「教師→学習者」，「学習者1→学習者2」，「学習内容（情報）→学習者」へと情報が伝わる中で起こる人と人の間の相互理解をインタラクションと呼び，仲介するメディアの中での情報の伝わり具合に影響するものをインタラクティビティと呼んでいる。アンダーソンの「学習内容⇄学習内容」のインタラクションでは，学習者や教師の関知しないところで自動的に学習内容の編成が変わることを想定しているのであるから，これはシステムにとって重要な柔軟性を生むしくみではあるが，人の意思や判断とは別の次元としてもいいだろう。

　ヒルミ（Hirumi 2002）は，「学習者の自己インタラクション」を想定して，図2-8のモデルを提示している。これは，学習者が自己の学習をメタ認知してモニターするプロセスである。このモデルでは，また，学習者がインタラクションをとる対象が，教師，学習者，他者として表されている。他者とは，直接は学習コースに含まれないが，家族やコミュニティの人々など，学習に与える可能性のある人材である。また，コンピュータやインターネット上のモノ以外に，学習環境が，学習者がインタラクションの主体として想定されている。その上で，学習者が学ぶという行為（＝教授活動）をどう見るかという高いレベルでのインタラクションが明示されている。

## ② インタラクションがいつ起こるか

　従来の教室では，リアルタイムのインタラクションが行われていたが，カースリー（Kearsley 1995）は，遠隔教育では，リアルタイム（同期）のものと遅延があるもの（非同期）の両方があるとする。同期的なインタラクションにおいては，決まった時間に参加する必要があり，刺激的で自然な情報のやりとりが行なわれる。一方，非同期のものには，好きな時間に参加できる（学習者制御・柔軟）という長所があるとする。

## ③ 双方向コミュニケーションで何をするか

　インタラクションに伴って生起するコミュニケーションのどういう側面に焦点を当てるかについて，2つの鍵概念がある。フィードバックと学習者によるコントロールである。

　フィードバックについては，すでにプログラム学習において重視されていたものだが，課題への学習者の反応に対して，結果についての情報（正誤など）や，修正情報，アドバイスなどを返すことがそれにあたる。したがって，フィードバックは一見「学習者⇄教授者」のインタラクションを表すものとして見られがちであるが，あらかじめフィードバックがプログラムされた学習内容（プログラム学習やそれに基づく CAI などによる学習コース）であれば，「学習者⇄学習内容」のインタラクションにおいても考えることができるし，むしろそういう文脈の中で概念化されてきたものである。さらに，学習者間のアドバイスなどを行う課題を想定すると，「学習者⇄学習者」のインタラクションにおいても，フィードバックの存在は考えられる。

　バージ（Berge 2002）は，遠隔教育において，フィードバックは不可欠の要素だという。ボルソックとヒギンボスハム＝フィート（Borsook & Higginbotham-Wheat 1991）は，フィードバックがなければインタラクションは存在しないという。そして，学習者は，教師からのフィードバックを重要だと考える（Northrup 2002）という知見がある。

　ワグナー（1994）は，さらにフィードバックにおける遅延，量およびそのフォーマットを問題にした。フィードバックが学習者の反応の直後に行われる，

すなわち遅延が少ない場合，学習者にはインタラクションの度合が高いと認識されるという。

学習者によるコントロールに関して，自己の学習についての意思決定が大きければ，学習者にとってインタラクションが高いと認識されやすいのは容易に想像できる。学習者がコントロールする対象について，ミルハイム（Milheim 1990）は，①学習ペース，②学習内容，③シークエンス，の3つを挙げている。これらを学習者のニーズに応じて選んだり決定したりできるようにすることで，高いインタラクションを実現することができる。

しかし，そのことと学習成果は単純な関係ではない。スノウ（Snow 1980）は，様々な事柄をコントロールできる状況での学習を「成人学者モデル」と呼び，コントロール度が低く学習プログラムに依存する学習を「子供ロボットモデル」と呼んだ。それは，学習者によるコントロールが多すぎると，学習成果があまりよくないという知見とも関連する。ボルソックら（1991）は，いくつかの研究をレビューして，学習者が学習領域について高い知識と能力をもつ場合をのぞけば，学習者のコントロールはよい結果をもたらさないという知見を報告しているのである。

また，アルノーネとグラボウスキー（Arnone and Grabowski 1991）は美術教育における学習者の好奇心について，プログラムがコントロールする群，アドバイスを受けながら学習者がコントロールする群，学習者がコントロールする群に分けて実験したところ，アドバイスを受けながら学習者がコントロールする群で好奇心が高くなったという。

これらを総合すると，学習者により多くのコントロールを与えるためにインタラクションを高めることが広く承認されてはきたが，すべてを自在にコントロールする学習環境を提供するのには慎重になるべきだということになる。むしろ，よく計画された学習プログラムの中で，習熟の度合を見ながら一定の選択肢を与えつつインタラクティブに学習できる状況を設定することが成果をあげるということになろう。例えば，遠隔教育のコースを設計するときに，より簡単なデザインにしようと思えば，プログラム学習を踏襲して学習者にコントロールさせない形式のものになりがちである。しかし，それでは学習者の意欲

をあまり高められず，成果においても，一定のコントロール権を学習者に与えるコースよりも期待できないと考えられる。

## 2.4 教育メディアの背景理論

これまでに見てきたように，教育メディアという語が何を含むか（利用するメディア），どのような機能を使って（メディアの機能），何を実現するか（教育目標），そこでどのように学習するか（インタラクション）は，それぞれに多様である。それらを規定するのは，「可能性」と「教育観」である。

可能性とは，どのメディアが利用可能か，何を達成しなければならないかなどの学習環境における条件のことで，メディア利用を外的に規定する。一方，教育観のちがいは，同じ状況においても異なる学習の状況を生み出す内的な規定要因である。異なる教育観の背景には，異なる学習理論がある。

### 2.4.1 行動主義と教育メディア

行動主義はいうまでもなく1950年代に，教育メディアのあり方に大きく影響を与えた理論である。この考え方は，目に見える形で測定できる行動の変容に焦点をあててそれを学習と呼び，学習は刺激と反応に付随する強化によって起こるとする。強化とは，望ましい反応に対して報酬を与えることで，強化された行動はその後生起しやすくなる。したがって，行動が変容する。

行動主義は，なぜ学習（特に高次な思考やスキルについての学習）が起こるのかを説明しないし，創造性や芸術の領域など，心の内面を見ようとしない。しかし，その考え方は現在の教育メディアの背景にも潜んでいる。グッドら (Good & Brophy 1990) は，繰り返しによる学習は，読み書き計算などの基礎的スキルの学習においては不可欠だという。行動主義は，特定の目標にいたるプロセスを目に見える小さな行動変容のステップに切り分ける。一定のスキルを身に付けさせるためには，まず目標をどう記述するか，どのように課題を分断して小さなステップにし，それを階層化・系列化するかなどを検討するが，その根幹となる考え方である。

多くの基礎的スキルの練習は，個人で行われる。特に，読み書き計算の練習は個人作業である。学校でその機会を設けるために，従来はワークシートなど紙の教材が用いられてきた。タブレット端末が導入されると，それがデジタル教材に変わると考えられる。先行実践も枚挙に暇がない。ゲーム機を用いた実践も多い。

### 2.4.2 認知主義と教育メディア

1960年代に形成された認知主義は，人の頭の中で何が行われているかに焦点をあて，思考，記憶，知識獲得，問題解決などが，どのような認知的なプロセスで行われているかを解明しようとする。知識はスキーマ（シェマ）として構成されていると捉え，学習はスキーマの構造が変化することを指す。スキーマは，ピアジェ（J. Piaget）の認知発達理論における用語で，人は新しい環境に遭遇するとスキーマをあてはめてそれを理解しようとする（同化）が，既有のスキーマで理解できないとスキーマ自体を変化させる（調節）とする。この考え方からは，環境を積極的に理解しようとする能動的な学習者の姿が見える。

学習者の探究によって課題を解決する方法や知識体系を発見することを期待するブルーナー（J. S. Bruner）の発見学習は，やはり学習者を能動的な存在として捉えている。有意味受容学習を概念化したオースベル（D. P. Ausubel）も，学習は学習者自身が既有の知識やスキーマと対照しながら学ぶときに成立するとする。これらの知見は，どのように学習内容やカリキュラムを構成するか，それらをどのように学習者に与えるかなどについて重要な示唆を与えてくれる。そして，教育メディアを情報伝達のためのメディアとみる場合も，学習内容としてのメディアとみる場合も，この知見に照らしてデザインすることになる。すなわち，学習者が環境とインタラクションをとって，能動的に学習することをサポートするために教育メディアが用いられることになる。

一方で，コンピュータの情報処理プロセスを人の情報処理プロセスになぞらえてシミュレーションし，人の思考のメカニズムを明らかにしようとするのが認知科学である。ブラウンらは，引き算を行う手続き的知識をプログラムし，その一部を改変することで，学習者が実際にもっている誤答の類型（バグ）を

再現した (Brown & Burton 1978)。

　森田らはこの知見を使って，コンピュータ上のキャラクターが産出する誤答を能動的に修正することによって学ぶ環境を開発し，異なるバグをもつ学習者のグループが協同する中で互いのバグも修正されることや，引き算の構造を理解するようになることを示した（菅井ほか 1989，森田 2005）。認知科学からは，学習者の認知プロセスをシミュレートした上で，その変容を促すように教育メディアがデザインされることになる。

### 2.4.3　状況主義と教育メディア

　レイブ（J. Lave）とウェンガー（E. Wenger）が注目したのは，学校教育のように意図的に知識やスキルが伝達される場ではない現実社会で，熟達者から新入りにどのように知識や技が伝承されていくかについてであった。新入りは当初，あまり重要でない仕事を請け負う。そして，徐々に重要で中心的な仕事をするようになっていく。本物の（真正な）仕事に熟達していくプロセスを通してそのコミュニティで周辺的な存在から中心的な存在に移行していくこの徒弟制的な学習は，正統的周辺参加と呼ばれる。ここで重要なのは，社会的なインタラクションである。ウェンガーは，信念や行動がこのような形で伝えられていく社会を実践共同体と呼んだ（Wenger 1998）。またブラウンらは，実際の仕事を通して身体的スキルではなくコンピュータの操作技能などの認知的スキルが伝承されることを認知的徒弟制と呼んだ（Brown et al. 1989）。

　徒弟制的な学習のモデルは，従来から学校教育で行われてきた学習とは大きく乖離している。第一に，学校の中には一般に本物の仕事を課題とする状況はつくりにくいこと，第二に，熟達者から新人までが同じ仕事をする実践共同体が，教師と学習者という関係においては形成しにくいこと，第三に，学校で習得すべき知識やスキルが実社会の徒弟制におけるよりも多様であることなどが理由である。それでも，認知的徒弟制は学校教育においても有用だとされ，次の6つの教授法が示されている（Collins et al. 1987）。

　　① モデリング：熟達者は仕事をやっているところを明示的に示し，新人はそれをみながら仕事の仕方についての概念モデルを形成する。

②　コーチング：新人が仕事をしているときに，熟達者がフィードバックを与える。
③　スカフォールディング：熟達者は，新人がうまくできないところを手助けするなどしてサポートする。
④　アーティキュレーション：熟達者が，仕事に必要な知識やスキルを学習しやすいように切り分けて新人に説明する。
⑤　リフレクション：新人が自分の仕事を熟達者や同僚の仕事と比べて，その仕事に熟達することについてのメンタルモデルを形成する。
⑥　エクスプロレーション：熟達者は，スカフォールディングを徐々に除きながら新人が自分で問題解決する部分を増やすと同時に，問題の見つけ方と探究の仕方を教える。

　学校教育においては，おおむね熟達者を教師，新人を学習者と置き換えればよい。そして，教育メディアは，例えば，①モデリングに使える映像を，ランダムに何度も見られるようにする，②自分の課題遂行をリフレクションできるように，課題遂行の様子を撮影して再生する，などの役割をもつことになる。また，学校学習の課題をなるべく本物の仕事に近づけるために，学校外で取材した映像を教室で見られるようにしたり，学校外の人とテレビ会議システムなどで直接やりとりができるようしたりするような教育メディアの使い方が考えられる。

### 2.4.4　社会的構成主義とメディア

　ピアジェが焦点を当てたのは，同化と調節によってスキーマを変容させる個人の学習であった。それに対して，ヴィゴツキー（L. S. Vygotsky）は，発達が社会的なインタラクションによってうながされることを強調した。そして，教師や仲間が問題解決を導くとき，学習者単独のときよりも高い水準の成果をあげることを示した。そして，やがて1人でもそれができるようになる。つまり，問題解決には，単独でできる水準，支援されてできる水準，到達できない水準がある。前2つの水準の間を，最近接発達領域（ZPD）と呼んだ（ヴィゴツキー 1962）。

第2章 教育メディアの系譜

表2-4 教育メディアとその背景理論

|  | 行動主義 | 認知主義 | 状況主義 | 社会的構成主義 |
| --- | --- | --- | --- | --- |
| 注目点 | ・個人の行動 | ・個人の認知構造 | ・コミュニティへの十全な参加 | ・社会的インタラクション |
| 教育方法の特徴 | ・スモールステップ<br>・課題の系列化<br>・即時フィードバック | ・有意味受容学習<br>・発見学習 | ・正統的周辺参加<br>・認知的徒弟制<br>・真正な学習<br>・実践コミュニティ | ・スカフォールディング<br>・相互教授<br>・協調学習<br>・協同学習 |
| 教育メディアの役割 | ・ドリル<br>・プログラム教材 | ・インタラクティブな学習環境<br>・シミュレーション | ・真正な学習環境<br>・モデリング<br>・スカフォールディング<br>・リフレクション | ・スカフォールディング<br>・コミュニティの形成<br>・コミュニティの維持<br>・協同学習のサポート |

　後にヴィゴツキーの理論は，コール（M. Cole）やブルーナー（J. S. Bruner）によって光があてられることになる。ブルーナーは最近接発達領域における社会的インタラクションを，スカフォールディング（足場かけ）として定式化した（Wood et al. 1978）。その中で，スカフォールディングには①目標達成のために適切に動機付けすること，②モデルを示すこと，③課題の重要な部分に焦点化させること，④ふりかえりをうながすヒントや質問を提示すること，がある とする。社会的構成主義と教育メディアとの関わりを，教師が行うスカフォールディングという点に絞れば，これらの役割を教育メディアにもたせることがそれにあたる。ビデオを通じてモデルを示すことや，自己の学習成果を記録してふりかえらせるなどの方法が考えられる。

　一方で，社会的インタラクションをメディアが媒介するような教育メディアの活用も行われている。CSCL（computer supported collaborative learning）は，文字通りコンピュータを用いた協同学習のことである。協同学習には，メーリングリストやウェブ掲示板，チャットやテレビ会議システムなどのコミュニケーションツールが用いられ，学習者がテーマや課題に応じて議論しながら学習を進める。コミュニケーションツールに，学習を記録したり学習を促進したりするシステムを組み合わせて，より効果的な協同学習を実現しようとすることも数多く行われていた。例えば，舟出らが開発した Kneading Board は，グ

ループごとに分業して行われる問題解決学習のプロセスを，当初の目標との比較，グループ間の状況の比較，他グループの活動に対する気づき，目標の再設定などからサポートすることを企図した協同学習システムである（舟出ほか2008）。第一節で紹介した稲垣らがすすめた学校間交流学習では，離れた地点にある学級同士が様々なコミュニケーションツールを用いて，共通のテーマで学習を深める協同学習について，様々な分析がなされている（稲垣ほか 2004）。

これまでに見た背景理論を教育メディアの対応を表2-4に示した。それぞれの理論は，部分的に相互のアンチテーゼとして，また共通項をもつものとして捉えられる。教育実践においては，例えば計算スキルの習得や漢字の記憶には行動主義が，グループ学習においては社会的構成主義が，というように学習の内容や目標に応じて様々な理論が適用され，多様な学習方法や学習形態がとられている。状況主義や社会的構成主義によって，新しい学習形態も導入されているが，教育メディアもまた，その実践を支える理論に沿って利用されているのである。

## 2.5 背景理論の着地点

これまでの議論を総括してみると，教育メディアは様々な意味で学習者主体の学習環境を実現する役割を担うようになってきたといえる。学習者の主体性に視点をおくと，学習を進める諸条件のコントロールが学習者に移ることになる。表2-5は，マコームズらが要約した e-ラーニングにおける学習者中心主義の原則である（McCombs et al. 2005：1585-1586）。認知・メタ認知要因，やる気・情動要因，発達と社会の要因，個人差の要因の4つのカテゴリー，全部で14の原則からなる。

認知・メタ認知要因の6つの要因は，学習者中心の学習がどのように行われるのかを網羅している。学習とはどのような目標をもってどのようなプロセスで行われるのか，それをコントロールするためのメタ認知はどのように行われるのか，それらに環境などの外部要因がどのように影響するのかについて触れ

表2-5 学習者中心主義の原則

| |
|---|
| ■認知・メタ認知要因 |
| ①学習プロセス：複雑な内容の学習は，経験と情報から意識的に意味をつくりだすときに最も効果的に起こる。 |
| ②学習の目標：サポートや指導を受けて時間をかけながら，一貫した意味のある知識の表象を作るのが目標である。 |
| ③知識の構成：新しい情報と既有知識の間に意味のつながりをつくる。 |
| ④方略的思考：複雑な学習目標を達成するために考える方法を生み出したり活用したりする。 |
| ⑤思考についての思考：創造的・批判的思考を促す心的操作をモニターする。 |
| ⑥学習の文脈：文化，技術，学習に関わる活動などの環境要因によって影響される。 |
| ■やる気・情動要因 |
| ⑦学習へのやる気・情動の影響：学習はやる気に影響され，やる気は情動，信念，興味，目標，考える習慣に影響される。 |
| ⑧内発的動機：創造性，高次思考，好奇心はすべてやる気につながる。内発的動機は課題が適度に新鮮で難しく，個人の関心に近く，自分で選んだりコントロールしたりできるときに高くなる。 |
| ⑨努力への動機の影響：複雑な知識とスキルの獲得には努力と適切な練習が必要である。学習動機がなければ努力をする意思は働かない。 |
| ■発達と社会の要因 |
| ⑩学習への発達の影響：発達にともなって異なる機会に出会い，異なる制約を経験する。身体的・知的・感情的・社会的な要因が考慮されることで，最も学習が効果的になる。 |
| ⑪学習への社会的影響：学習は社会的相互作用，人間関係，他者とのコミュニケーションに影響される。 |
| ■個人差の要因 |
| ⑫学習の個人差：学習者は，それまでの経験と遺伝によって，異なる学習方法，能力をもっている。 |
| ⑬学習の多様性：学習者の言語，文化，社会的背景が考慮されることで，最も効果的に学習される。 |
| ⑭基準と評価：適度な状況と頑張ればできる基準，個人内の進歩・学習プロセス・成果の評価は，学習プロセスにとって重要である。 |

出典：McCombs et al. (2005：1585-1586).

られている。やる気・情動要因は，学習を進めるための動機づけが内発的なものであることが重要で，それに動かされる努力と練習が必要であることが示されている。発達と社会の要因は，学習者を社会や文化の中で学習する個人と位置づけ，学習に関わる社会環境に目をむけることの必要性が示されている。最後の個人差の要因は，学習のプロセスや進捗が個人によって異なり，個人差への配慮が学習効果を最大化することと，個人差を考慮した評価が必要なことが示されている。

　これらの項目は，e-ラーニングだけではなくおよそすべての教育環境にあて

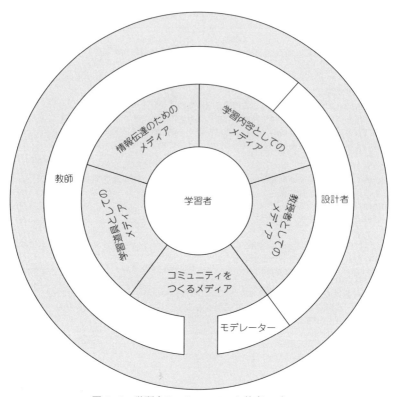

図 2-9 学習するコミュニティと教育メディア

はまる。教室の授業であっても，学習者各自が物事を理解し，理解を深め，知識を活用し，考え表現することが必要なのは自明であるし，そのためにはどう教えたかではなく，何が学ばれたかという学習者の視点に立つことが求められる。そして，学ばれる事柄に良い影響を与えられるようにメディアを構成することが，教育メディアを視点に入れて授業を設計するということになる。

　教育メディアについてこれまでに見てきた視点，すなわち，教育メディアがどのような役割をもつべきか，どのように教育メディアを選択すべきか，そこで誰（何）とどのようなインタラクションを想定すべきか，について学習者を中心においてみると，学習者がメディアを用いて学ぶ孤立した姿だけではなく，能動的にメディアを介してコミュニティにはたらきかけて教師や社会とともに

学ぶ姿が見えてくる。

　最後に，図2-2を描き直そう（図2-9）。この図では，コミュニティをつくるメディアが教師を含む教授者を取り囲んでいる。それは，教師が学習者を指導するという一元的な関係だけでなく，教師と学習者がともに真正な世界の中でメディアを介してコミュニケーションをとりコミュニティを形成しながら学習を深め，互いに尊重して高め合うような関係を表している。メディアは，特に新しいものが導入されたときには，それを利用することが目的となりがちだが，それをこのような関係の中に組み入れて，意識にのぼらなくなるまで使いこなすことによって，本来の教授意図，学習ニーズが立ち現れる。教育メディアを用いた学習は，最終的には，教授意図や学習ニーズをデザインすることでなければならない。

## 参考文献

縫部義憲（1991）「日本語授業の「人間化」の工夫——外国語相互作用分析システムの利用」『日本語教育』75：12-23.

Anderson, L. W., Krathwohl, D. R., Airasian, P. W., Cruichank, K. A., Mayer, R. E., Pintrich, P. R., et al. (Eds.) (2001) *A Taxonomy for Learning, Teaching, and Assessing : A revision of Bloom's educational objectives*, New York : Longman.

Anderson, T. (2003) "Getting the mix right again : An updated and theoretical raitionale for interaction," *International Review of Research in Open and Distance Learning*, 4(2).

Arnone, M. P., & Grabowski, B. L. (1991) Effects of variations in learner control on children's curiosity and learning from interactive video. (ERIC Document Reproduction Service No. ED 334 972).

Berge, Z. L. (2002) "Active, interactive, and reflective learning," *The Quarterly Review of Distance Education*, 3(2), 181-190.

Bloom, B. S., Engelhart, M. D., Furst, E. J., Hill, W. H., & Krathohl, D. R. (Eds.) (1956) *Taxonomy Educational Objectives: The classification of educational goals. Handbook I: Cognitive domain*, New York : David Mckay.

Borsook, T. K. & Higginbotham-Wheat, N. (1991) "Interactivity : What is it and what can it do for computer-based instruction." *Educational Technology*, (10) : 11-17.

G. H. バウアー／E. R. ヒルガード（著），梅本尭夫（監訳）（1988）『学習の理論（原書第5版）下』培風館.

Brown, J. S., Collins, A. & Duguid, P. (1989) "Situated Cognition and the Culture of Learning," *Educational Researcher*, 18 : 32-42.

Brown, J. S. & Burton, R. R. (1978) "Diagnostic Models for Procedual Bugs in Basic Mathe-

matical Skills," *Cognitive Science*, 2 : 155-192.
Chandler, P. & Sweller, J. (1991) "Cognitive Load Theory and the Format of Instruction," *Cognition and Instruction*, 8(4) : 293-332.
Collins, A., Brown, J. S., & Newman, S. E. (1987) Cognitive apprenticeship : Teaching the craft of reading, writing and mathematics (Technical Report No. 403). BBN Laboratories, Cambridge, MA. Centre for the Study of Reading, University of Illinois. January, 1987.
Dale, E. (1946) *Audio-visual Methods in Teaching*, New York : The Dryden Press.
Eraut, M. R. (1989) "Programmed Learning," *The International encyclopedia of educational technology*, Author : Eraut, Michael, Imprint : Oxford, UK, Pergamon Press : 411.
Finger, G. & Rotolo, C. (2001) Telephone Teaching : Towards Constructivist Teaching for Rural and Remote Students., Paper presented at the Annual Conference of the Australian Association for Research in Education.
http://www.aare.edu.au/01pap/fin01158.htm（2013.5.1現在）
舟出日出男・鈴木栄幸・久保田喜彦・平澤林太郎・加藤浩（2008）「発見的学習活動における創発的分業を支援するCSCLシステムの開発」『教育メディア研究』4(2) : 7-13.
Garrison, D. R., & Shale, D. G. (1987) "The role of technology in distance education," *New Directions for Continuing Education*, 10-11.
Good, T. L., & Brophy, J. E. (1990) *Educational Psychology : A Realistic Approach. Fourth Edition*, New York : Longman.
Heidt, E. U. (1989) "Media selection," In M. Eraut (Ed.), *The international encyclopedia of educational technology*, New York : Pergamon, 393-398.
Hilman, D. C. A. & Willis, D. J. (1994) "Learner-interface interaction in distance education : An extension of contemporary models and strategies for practitioners," *The American Journal of Distance Education*, 8(2) : 30-42.
Hirumi, A. (2002) "A framework for analysing, designing, and sequencing planned elearning interactions," *The Quarterly Review of Distance Education*, 3(2) : 141-160.
稲垣忠・黒上晴夫・中川一史（2004）『学校間交流学習をはじめよう──ネットの出会いが学びを変える』三晃書房.
Kearsley, G. (1995) The nature and value of interaction in distance learning," Paper prepared for the Third Distance Education Research Symposium, May 18-21, 1995. http://www.gwu.edu/~etl/interact.html（2007.7.5現在）
黒上晴夫・内垣戸貴之・中橋雄（2006）「地上デジタル放送の教育利用に関する実証研究」『教育メディア研究』13(1) : 37-51.
MacCombs, B. L. & Vakili, D. (2005) "A Learner-Centered Framework for e-learning," *Teachers College Record*, 107(8) : 1582-1609.
Marzano, R. J. and Kendall, J.S. (Eds.) (2007) *The New Taxonomy of Educational Objectives. 2nd ed.*, Corwin Press : Thousand Oaks, California.
Mayer, R. E. (2005) "Cognitive Theory of Multimedia Learning," In R. E. Mayer (Ed.) *The*

*Cambridge Handbook of Multimedia Learning*, New York : Cambridge University Press, 31-48.

Milheim, W. D. (1990) "The effects of pacing and sequence control in an interactive video lesson," *Educational and Training Technology International*, 27(1) : 7-19.

Moore, M. G. (1989) "Three types of interaction," *American Journal of Disrtance Education*, 3(2) : 1-6.

森田英嗣 (2005)「ICM パラダイムに基づいた ILE の構築とその可能性——チュータ・シリーズによる検討」『大阪教育大学紀要』54(1) : 131-144.

日本教育工学会 (2000)「プレゼンテーションメディア」『教育工学事典』, 454.

Northrup, P. T. (2002) "Online learners' preferences for interaction," *The Quarterly Review of Distance Education*, 3(2) : 219-226.

Reiser, R. A. & Gagne, R. M. (1983) *Selecting Media for Instruction*, Englewood Cliffs, NJ : Educational Technology.

Richmond, W. K. (1967) *The Teaching Revolution*, Barnes and Noble, Inc.

Romiszowski, A. J. (1981) *Designing Instructional Systems : Decision Making in Course Planning and Curriculum Design*, London : Kogan.

Shannon, C. and Weaver, W. (1949) *The Mathematical Theory of Communication*, Urbana : University of Illinois Press.

B. F. スキナー (著) (1958), 「ティーチング・マシン」, グレーザー&ラムズディン (編), 西本三十二 (訳)『教育工学原論』学習研究社.

Snow, R. E. (1980) "Aptitude, learner control and adaptive instruction." *Educational Psychologist*, 15(3) : 151-158.

菅井勝雄・森田英嗣・黒上晴夫・井上正道 (1989)「認知理論に基づく CAI の開発と試行」『大阪大学人間科学部紀要』15 : 207-231.

L. S. ヴィゴツキー (著), 柴田義松 (訳) (1962)『思考と言語』明治図書.

Wagner, E. D. (1994) "In support of a functional definition of interaction," *The American Journal of Distance Education*, 8(2) : 6-29.

Wenger, E. (1998). *Communities of Practice: Learning, Meaning, and Identity*, Cambridge : Cambridge University Press.

Wood, D., Bruner, J., & Ross, G. (1978) "The role of tutoring in problem solving," *Journal of Child Psychology and Psychiatry*, 17 : 89-100.

W3C. (1999) Web Architecture : Describing and Exchanging Data. http://www.w3.org/1999/04/WebData (2013.5.3 現在)

Yacci, M. (2000) "Interactivity Demystified : A Structural Definition for Distance Education and Intelligent Computer-based Instruction," *Educational Technology*, 40(4) : 5-16.

# 第3章

# 学校現場で役立つ教育メディア

堀田龍也

そもそも「メディア」とは何か，「教育メディア」とは何を指すかなどについては，すでに第1章や第2章でも検討しているところであるが，学校現場におけるICT活用を中心に検討する本章でも今一度，「教育メディア」の示すものについて確認するところから始めたい。

日本教育工学会が編集した教育工学事典（2000）には，「教育メディア（Educational Media）」という項目がある。ここでは，その定義は「教育活動で運用されるメディアの総称である」とされ，「教科書，黒板，テレビ，ビデオ，コンピュータ，実験など，教具や教材，教育環境の総称」と書かれている。さらに「新聞と記事，テレビと画面の関係や，実験と内容などのように，道具としてのメディアの側面と内容としてのメッセージは分離することができない」とし，「媒体としてのメディアと内容としてのメッセージを一体としてメディアをとらえるのが現実的である」としている。

このことからわかるように，教育メディアを考える時，次の2つの観点が重要となる。

1つは，従前から教室に存在する教育メディアと，新しい教育メディアが共存するという観点である。先の定義によれば，教育メディアは，教科書など主として児童生徒が用いる教材メディアと，黒板など主として教師が用いる提示メディアに分けることができる。教師が用いる提示メディアについては，定義に例示されているように，テレビ，ビデオ，コンピュータなどがあり，さらに近年では電子黒板や実物投影機などのラインナップが加わっている。テクノロジーの発達によって教室に導入された教育メディアの多くは，教師による提示

メディアである。「教室で学ぶ」という前提が存在する範囲においては，学校における教育メディアの開発や活用の主軸は教師によって用いられる提示メディアである。この文脈での「教育メディアの開発」とは，従前の教具では不可能あるいは手間やコストがかかっていたことがたやすく実現できる提示メディアの開発が中心である。「教育メディアの活用」とは，従前からの教育環境と新規の提示メディアの共存を前提とした使い分けの原則を追求していくものとして発達してきたのである。これに対して，タブレット型PCの導入や学習者用デジタル教科書の研究は，主として児童生徒が用いる教材メディアの新規開発に位置づく研究であり，教室で活用される教育メディアの開発という観点から見れば新しい方向であると考えられる。こちらにおいても，従前のメディアである（紙の）教科書とどのように共存していくかが当面模索されるはずである。

　もう1つの観点は，「道具としてのメディアの側面と内容としてのメッセージは分離することができない」ことを勘案した場合に生じる，教育メディアの効果の検討である。例えば電子黒板の効果というとき，多くの研究はその機能が学習指導に及ぼす効果を問題にしようとする。しかし，電子黒板で何が提示されているかによって，その機能が必要とされるのかは変わってくるだろうし，そもそも何を提示するかに教師の教授意図が存在する。同じコンテンツの提示であっても，授業過程のどこで提示するかによってコンテンツの意味は変わりうる。すなわち，授業の展開と提示するコンテンツの内容が呼応しており，そこに教師の教授意図があり，それを大きく提示したりアノテーションを加えたりできる装置が電子黒板だと考えることができる。導入された教育メディアの効果の研究は，このように文脈依存である。

　本章では，学校教育における教育メディアの開発と活用について論じていくが，教育メディアの開発や活用の対象を小・中学校に限定する。義務教育段階とそれ以上では，教育制度上の大きな違いによって学校現場の実情が異なっており，教育メディアへの期待が異なると想定されるためである。

　この前提の上に立ち，まず，初等中等教育における教育メディアにまつわる

政策の変遷について，昨今注目される ICT 活用を中心に解説することから始めたい。

## 3.1 学校現場における教育メディアの活用

### 3.1.1 我が国の学校教育における ICT 整備政策の変遷

本項では主として，文部科学省がその Web サイトで公開している文書を題材として，その内容を時系列的に整理し，我が国における ICT 活用をめぐる政策の軌跡を描くことを試みる。

① コンピュータ教室の整備

初等中等教育の学校現場におけるコンピュータ導入は，まず1985年度から1989年度までの5年間にわたる教育方法開発特別設備費によるコンピュータ整備で本格的にスタートした。それまではあくまで地方自治体レベルでの施策として導入されていたものが，この予算で初めて国庫補助による整備，すなわち国としての本格的な整備がスタートしたことになる。

1990年度から1994年度までの5年間も，第一次コンピュータ整備計画として同じく国庫補助による整備が続けられた。この時期には，1989年に告示された学習指導要領が小学校は1992年度，中学校は1993年度から全面実施となり，中学校技術・家庭科技術分野に「情報基礎」が選択領域として導入されたり，文部科学省が1990年度に初めての「情報教育に関する手引」を作成したりするなど，コンピュータの活用が教育内容として教育課程に正式に位置付き始めることとなった。そのための教育環境としての ICT 整備が中学校のコンピュータ教室を中心に進められた。さらに1995年度から1999年度までの5年間は，第二次コンピュータ整備計画が策定された。国庫補助から地方交付税措置による整備となって，小学校のコンピュータ教室の整備が進められた。

1996年度に「情報化の進展に対応した初等中等教育における情報教育の推進等に関する調査研究協力者会議」が設置され，1998年度に「情報化の進展に対応した教育環境の実現に向けて」という報告書が提出された（文部科学省 1998）。

この報告書は，教育の情報化に関する考え方の明確化を図ったものであり，その考え方が教育課程審議会の答申や学習指導要領の改訂に生かされた。この報告書の成果を受けた小・中学校の学習指導要領は1998年に告示され，2002年度に全面実施となった。高等学校の学習指導要領は1999年に告示され，2003年度の第1学年から学年進行で段階的に実施された。この学習指導要領では，中学校技術・家庭科技術分野に「情報とコンピュータ」が必修領域となり，高等学校においては普通教科「情報」が必履修となった。さらには初等中等教育のすべての校種に「総合的な学習の時間」が設置され，その学習課題の1つとして「情報」が例示された。これらの点から，この時期は，コンピュータの活用が教育内容として本格的に教育課程に位置付いた時期であると言える。なお，学習指導要領における情報に関する教育内容の位置付けを整理するために，2002年度には文部科学省より「情報教育の実践と学校の情報化―新・情報教育に関する手引―」が発行された（文部科学省 2002）。

② 普通教室への ICT 環境の整備

ミレニアム・プロジェクトの1つである，省庁の枠を越えたバーチャルエージェンシー「教育の情報化プロジェクト」が1999年に提出した報告書に，指導方法の改善のためにコンピュータ・インターネットを用いることが記載された（ミレニアム・プロジェクト「教育の情報化」評価・助言会議 2007）。その特徴は，普通教室におけるコンピュータ整備の考え方と重要性を強調していることであった。この考え方による整備は2000年度から2005年度までの6年間にわたって第三次コンピュータ整備計画として地方交付税措置によって進められ，2001年度に内閣官房に設置された「高度情報通信ネットワーク社会推進戦略本部（IT 戦略本部）」による「e-Japan 戦略」に含み込まれる形でさらに加速され，「すべての小・中・高等学校等のすべての授業においてコンピュータやインターネットを活用できる環境を整備すること」が ICT 環境整備のコンセプトとして確立されていく。

同じくバーチャルエージェンシー「教育の情報化プロジェクト」は1999年，「2005年度を目標に全国的な視野から教育の情報化を推進する教育情報ナショ

図3-1　NICER のトップ画面（当時）

ナルセンター機能の整備を行う」ことを目標として示した。2000年度からスタートしたポータルサイトの研究は，その後，2001年度の「e-Japan 重点計画」によって国立教育政策研究所で行われることとなり，同年より同研究所内で「教育情報ナショナルセンター（NICER）」の運用が開始された。NICER には2005年度末までに教育用コンテンツが27万件登録され，登録された教育用コンテンツは LOM（Learning Object Meta-data）の付与によって，学習指導要領や教科書目次等から検索可能となった。

　清水ら（2007）は，「教室で利用できるコンピュータがありますか」等の項目による ICT 環境の整備状況の調査を，2004年2月と2005年12月に実施した。その結果，2年弱の間に6.0％ほどの上昇が見られ，e-Japan 戦略最終段階で整備が進んだことが確認されている。しかしながら，e-Japan 戦略が終了する時点の2005年度末の段階における「学校における教育の情報化の実態等に関する調査」では，普通教室の校内 LAN 整備率の全国平均が目標値の半分の約50％に留まるなど，教育の情報化の全体的な遅れが大きな課題となった。2006年度からは「IT 新改革戦略」がスタートし，教育の情報化はその重点的な課題として引き続きこれに位置付けられることとなり，以降，学校への ICT 環境の整備は，コンピュータ教室の整備から普通教室への ICT 環境の整備へと

大きくシフトしていった（堀田・木原 2008）。

### ③ 学力向上と ICT 環境の整備

　2006年には，教育基本法や学校教育法などの教育関連法が改正された。この時期は，OECD の PISA に代表される学力の国際比較等の影響もあり，学力向上が強く望まれるようになっていた。そのような背景の中，2008年に告示された学習指導要領では，教育内容が大幅に増加することとなった。

　文部科学省は「教育の情報化に関する手引」を取りまとめ，2009年に発行した。同手引は，学習指導要領の改訂だけでなく，その背景としての全国学力・学習状況調査の実施や学校経営における PDCA サイクル，国が進めている「IT 新改革戦略」などの動向を受けて作成された文書であり，教育の情報化が円滑かつ確実に実施されるための指針となるものとして想定された。

　また文部科学省は，同じく2009年に「スクール・ニューディール構想」を掲げ，学校耐震化やエコ改修と並んで「学校 ICT 環境整備」を重点課題として提示し，2,087億円の補正予算を計上した。地上波のデジタル放送化に合わせ，教育内容が大幅に増加した学習指導要領が全面実施される2011年度までの間に，普通教室の ICT 環境の整備を図り，効率よい授業のための環境を整備しようとした（文部科学省 2009）。この構想により，一部の地方自治体を除いて我が国の普通教室の ICT 環境が飛躍的に整備されることとなった。

　一方で，2011年に政府の判断によって NICER が廃止され，国費で精力的に準備された教育用コンテンツとその検索システムは学校から活用することが困難になった。Google 等の検索エンジンの発達もあり，学校現場からは民間のサービスを経由して教育用コンテンツにアクセスすることが一般的となったが，教育用コンテンツを集中的に管理したり，学習指導要領との関連を提示したりした NICER の資産は散逸する結果となった。

　2013年に閣議決定された「教育振興基本計画」（文部科学省 2013）では，「25-2 教材等の教育環境の充実」として，児童生徒3.6人あたり1台の教育用コンピュータの整備，全学校に超高速インターネット接続，全教室への電子黒板・実物投影機の配備と無線 LAN 環境の整備，全教員への校務用コンピュー

タの整備を目安として示した。

④ 深刻な地方自治体間格差

　ここまで見てきたように，学校現場における ICT 環境の整備は着々と進行してきた。2000年頃までは主にコンピュータ教室中心の整備であったが，その後，普通教室における ICT 活用のための整備へとシフトした。しかし我が国では，2000年に地方分権一括法が制定され，その後は地方への権限委譲が進行し，教育の情報化に関する予算執行の判断は地方自治体に委ねられるようになった。2001年に政府「IT 戦略本部」が IT 国家戦略として策定した e-Japan 戦略以降，国は教育の情報化に関する整備予算として年間約1,500～2,000億円の積算による地方交付税措置を行い続けてきたが，これらの積算に対する実際の執行率は十分ではない。文部科学省は，各都道府県・指定都市教育委員会の情報教育・情報機器等整備事務主管課長宛に通知したり，2005年12月には文部科学大臣による「教育の情報化の推進のための緊急メッセージ」を発出したりするなどの策を講じてきた。それでも，ICT 環境の整備に関する地域格差は広がるばかりであり，年々深刻になっている（堀田・木原 2008）。

　文部科学省が毎年度末に全国すべての学校を対象として行っている「学校における教育の情報化の実態等に関する調査」（文部科学省 2014）によれば，教育用コンピュータの整備率（コンピュータ１台あたりの児童生徒数）の最高値は佐賀県の4.3人/台，最低値は埼玉県の8.4人/台，普通教室の校内 LAN 整備率の最高値は岐阜県の97.4％，最低値は青森県の58.2％，指導者用デジタル教科書の整備率の最高値は佐賀県の86.1％，最低値は北海道の8.7％となっており，整備率は地方自治体間で大きな格差が見られる結果となっている（文部科学省 2014）。

　公立学校においては，小・中学校の多くは区市町村立，高等学校の多くは都道府県立であり，その教育環境の整備主体は地方自治体である。このことから，学校現場への ICT 環境の整備を各地方自治体が積極的に進め，教員の ICT 活用を促すこと，各地域の実情による必要な支援体制を施して，児童生徒の学力向上に期するような教育環境の整備を進めることが，今日の教育行政機関に求

められる課題である。

### 3.1.2 教員によるICT活用に関する実践研究
① 教育メディアとしてのICT

「学校における教育の情報化の実態等に関する調査」(文部科学省 2014) によれば，2013年3月の段階で，小学校の普通教室26万1,532教室のうち，デジタルテレビ等が備わっているのは20万9,440教室，プロジェクタが2万4,094教室，電子黒板が1万9,062教室であり，これを合計すると，提示装置の設置は普通教室全体の96.6%を占めている（ただしデジタルテレビが十分な大きさではない場合がある）。

堀田ら (2008) は，普通教室でICTを常設させて日常的に活用している教員を対象に調査を行った。その結果，プロジェクタなどの提示装置にもっとも多く接続して活用されているICT機器は実物投影機であり，実物投影機でもっとも映されているのは教科書であった。このことから，ICTを活用した授業においても，教員は従来の授業と同様，教科書等の教材を大きく映して児童生徒に課題意識をもたせたり，解説したり，考えを述べさせたりして授業をしたいのであり，それを実現しやすい現実的なICT機器が実物投影機であると考えることができる。実物投影機が普及する背景には，コストパフォーマンスや操作研修がほとんど不要という点も後押ししている。

堀田ら (2008) が示した，教員が実物投影機を活用する際には教科書をもっとも多く映すという事実は，近年の「指導者用デジタル教科書」の普及の勢いと呼応する。「指導者用デジタル教科書」とは，教員が電子黒板等の大型提示装置に映し，児童生徒に教科書と同等の情報提示をすることを目的としたデジタル教材の総称であり，2014年現在「デジタル教科書」という名称をつけて市販されているもののほとんどは指導者用である。

実物投影機や指導者用デジタル教科書を大型提示装置で提示した教授活動においては，教員は提示されたコンテンツのある部分を焦点化して児童生徒の注目を集める行為を行うことが多い。高橋ら (2012) は，電子黒板やプロジェクタの実践事例をまとめた書籍や報告書を基に，教科指導で行われる焦点化の種

類の検討を行い，焦点化の種類には「書き込み」「指し示し」「着目点の拡大」「着目点のマスク」「アニメーション」の5つがあることを示している。

　電子黒板は，提示されているコンテンツに対してハードウェア的に焦点化を行いやすくした教育メディアであると考えることができる。中橋ら（2010）は，電子黒板を用いる教員の教授行動を分析し，「提示画像を準備する」「説明を書き込むよう注意する」「印の付け方を注意する」「色を変えて比較させる」などが確認されたと報告しており，これは電子黒板ならではの焦点化と考えることができる。稲垣ら（2008）は，児童が電子黒板を用いて自分の考えを説明する学習場面について調査し，児童が書きながら説明する行動が観察されたこと，聞き手の児童は口頭での説明と比べて，より話者の考えを理解し，自分の考えと比較しやすいことを指摘している。この際，電子黒板の画面上には，児童の手元にある資料と同じものを提示することによって，書きこみや説明のしやすさをもたらすことも明らかにしている。これらの知見は，児童生徒が教科書を手元にもっているにもかかわらず，教員が教科書を実物投影機で映すことが多いという堀田ら（2008）の知見や，児童生徒が手元に持っている教科書をそのままデジタル化したイメージで学習者用デジタル教科書が制作されていることが多いという現実とも呼応している。

　これらの実践研究の成果からは，本章の冒頭に書いたように，従前から教室に存在する教育メディアと，新しい教育メディアであるICTが共存していることがわかる。従来の授業スタイルは，百年を超える我が国の一斉授業の歴史の上に，教員に脈々と受け継がれてきた授業技術に支えられたものであり，学校教育の安定に大きく寄与してきた。普通教室で教科指導をする際に，黒板とチョーク，提示するための画用紙や模造紙などのほかに，ICT「も」活用するというのが，教員にとって馴染みやすい考え方である。ICTだけを特別視することは，従来の授業方法の工夫を排除することになり，教員にとってはあまり現実的ではない。

② ICT活用と授業過程

　堀田ら（2008）によれば，日常的にICT活用を行っている小学校教員を対

象に調査を行い，一斉授業の1単位授業時間（45分）の中でICT活用を平均3.3回行っていること，その合計時間の平均は19.0分であることを示している。また，授業の最初の5分間でICT活用が行われる確率は83％と高いものの，その後の授業過程ではICT活用の出現確率に特徴は見いだせなかったことを示している。同様に高橋ら（2011）は，日常的にICT活用を行っている英国の小学校教員による国語と算数の授業過程を調査し，1単位授業時間（60分）の中でのICT活用は平均3.5回，その合計時間の平均は31.2分であることを示している。一授業におけるICT活用の回数は3.5回であり，授業の最初の15分間でICT活用が行われる確率が70％以上であったことを示している。この2つの調査では，ICTを活用しているからといって授業過程が変化しているわけではないことが確認されている。

　木原ら（1980）は，授業過程におけるOHPの活用について，導入の段階では「学習のねらいを明確にする」「学習に対する興味や関心を高める」，展開の段階では「問題を解決する手がかりを与える」「授業中の評価活動を確かなものにする」，まとめの段階では「学習内容を再確認させる」「学習内容を定着させる」などの場面で活用が可能であるとした。これに対してICT活用は，その黎明期は各教科等の内容と紐付けて検討することが多かったが（例えば「理科のこの単元でICTが役立つ」など），昨今では各教科等の内容と紐づけず，授業過程に紐づけて活用場面を示すことが多く見られる。これは，教員によるICT活用が，OHPの活用のような視聴覚教育の延長に位置付くことに他ならない。

　ICTを活用した方が望ましい授業場面は，1時間の授業の中に何度もあることから，普通教室にICTが常設されていることが求められる。毎時間，わざわざ借りてきて接続してようやく活用できるというのでは，多忙な教員にとって日常的な道具にはなりえない。堀田ら（2013）は，実物投影機が教室に常設され，1日1回以上活用している小学校教員を対象とし，彼らが実感している実物投影機の活用効果について調査した結果，説明等の理解の促進がもっとも高く，続いて準備の手間の軽減，説明等の時間短縮の順であることを示している。また，実物投影機が教室に常設されている教室環境で日々の授業を行う教

員にとって，実物投影機の活用は常態化しており，実物投影機が活用できない場合には数多くの指導困難点が生じると予想しているなど，授業環境として不可欠となっていることが確認されたと報告している。

　渡邉ら（2009）は，算数科の一斉授業において，同じ教員が同じ題材で，ICTを活用した授業と活用しなかった授業を行い，それぞれの授業の各過程に要した時間や，児童に対する教員の学習支援の程度を比較した。その結果，ICTを活用した授業では，活用しなかった授業に比べて，教員による指示・説明や児童に対する学習支援，児童による活動の時間が短縮されていたことを示し，ICTを活用した授業では授業過程におけるそれぞれの指導場面の効率化が図られていることを確かめている。

③　教員のICT活用指導力

　1987年度からスタートした「学校における教育の情報化の実態等に関する調査」では，「コンピュータ等を使って指導できる教員」という項目があった。バーチャルエージェンシー「教育の情報化プロジェクト」以降，普通教室でのICT活用が整備の前提となっていたこともあり，e-Japan戦略が策定された2000年度末は全国平均で40.9％であったこの数値の向上が期待された。5年後，e-Japan戦略終了時の2005年度末時点では全国平均で76.8％まで向上したが，e-Japan戦略において掲げられた「概ね全て（100％）の教員がコンピュータを使って指導できる」という目標には到達できなかった。

　e-Japan戦略の目標の達成状況を評価し，次なる政策であるIT新改革戦略の具体的目標を定める過程において，「コンピュータ等を使って指導できる」という基準が曖昧であるとの指摘が出された。それまで同調査では「何らかの手段で少しでも（過去も含めて）コンピュータ等を活用した授業等ができる教員のことである（実際に行っているかどうかは問わない）」とし，「できる」「できない」という二者択一で回答することとしていた。この設問では，何らかの手段で少しでもコンピュータ等を活用した授業等ができれば「できる」という回答になること，過去に一度でもコンピュータを活用した授業を行えば，現在実際に行っているかどうかにかかわらず「できる」という回答になること

など，調査に曖昧な点が含まれていることが問題点として指摘された（文部科学省 2007）。さらには，普通教室での教科等の学習指導において ICT を活用するバリエーションは多様であることや，情報モラル等の指導が喫緊の課題として取り上げられていることなどを受け，文部科学省は「教員の ICT 活用指導力の基準の具体化・明確化に関する検討会」を設置し，2007年に「教員の ICT 活用指導力のチェックリスト」を公表した（文部科学省 2007）。

同チェックリストでは，児童生徒の学習内容や学習形態に応じて，小学校版と中学校・高等学校版の2種類が策定された。「A：教材研究・指導の準備・評価などに ICT を活用する能力」「B：授業中に ICT を活用して指導する能力」「C：児童生徒の ICT 活用を指導する能力」「D：情報モラルなどを指導する能力」「E：校務に ICT を活用する能力」の5つの大項目に，18項目の基準が示された。18項目別に「わりにできる」「ややできる」「あまりできない」「ほとんどできない」の4段階の自己評価をすることとなっている。同検討会では，教員が ICT 活用によって授業改善を行うことのできる多様な改善活動のうち，全国のすべての教員がまず取りかかるべき優先度の高い項目を，チェックの負荷が高くない範囲の項目数でまとめることが重視された。

「コンピュータ等を使って指導できる教員」の調査に替わり，2006年度から文部科学省は「教員の ICT 活用指導力」の18項目の基準を用いて，全国の初等中等教育に関わる公立学校の全教員に対する悉皆調査を実施している。2013年度末の調査では，「B：授業中に ICT を活用して指導する能力」の下位項目で「わりにできる」「ややできる」にチェックした平均は69.4％に留まっており，この大項目に対応した教員研修が依然として大きな課題となっている。また，都道府県別の平均値に見ると，「B：授業中に ICT を活用して指導する能力」では最高値が佐賀県の95.0％，最低値が奈良県の60.0％であり（文部科学省 2014），ICT 整備のみならず教員の ICT 活用指導力についても地域間で大きな格差が見られる結果となっている。

教員の ICT 活用指導力の向上については，教員研修が重要であるが，一方で校内における OJT 体制の必要性も指摘されている。中尾ら（2014）では，日常的に実物投影機とコンピュータが活用されている小学校における ICT 活

## 教員のICT活用指導力のチェックリスト（小学校版）

　ICT環境が整備されていることを前提として、以下のA-1からE-2の18項目について右欄の4段階でチェックしてください。

評価段階：
- 4 わりにできる
- 3 ややできる
- 2 あまりできない
- 1 ほとんどできない

### A　教材研究・指導の準備・評価などにICTを活用する能力

| 項目 | 内容 | 4 | 3 | 2 | 1 |
|---|---|---|---|---|---|
| A-1 | 教育効果をあげるには、どの場面にどのようにしてコンピュータやインターネットなどを利用すればよいかを計画する。 | 4 | 3 | 2 | 1 |
| A-2 | 授業で使う教材や資料などを集めるために、インターネットやCD-ROMなどを活用する。 | 4 | 3 | 2 | 1 |
| A-3 | 授業に必要なプリントや提示資料を作成するために、ワープロソフトやプレゼンテーションソフトなどを活用する。 | 4 | 3 | 2 | 1 |
| A-4 | 評価を充実させるために、コンピュータやデジタルカメラなどを活用して児童の作品・学習状況・成績などを管理し集計する。 | 4 | 3 | 2 | 1 |

### B　授業中にICTを活用して指導する能力

| 項目 | 内容 | 4 | 3 | 2 | 1 |
|---|---|---|---|---|---|
| B-1 | 学習に対する児童の興味・関心を高めるために、コンピュータや提示装置などを活用して資料などを効果的に提示する。 | 4 | 3 | 2 | 1 |
| B-2 | 児童一人一人に課題を明確につかませるために、コンピュータや提示装置などを活用して資料などを効果的に提示する。 | 4 | 3 | 2 | 1 |
| B-3 | わかりやすく説明したり、児童の思考や理解を深めたりするために、コンピュータや提示装置などを活用して資料などを効果的に提示する。 | 4 | 3 | 2 | 1 |
| B-4 | 学習内容をまとめる際に児童の知識の定着を図るために、コンピュータや提示装置などを活用して資料などをわかりやすく提示する。 | 4 | 3 | 2 | 1 |

### C　児童のICT活用を指導する能力

| 項目 | 内容 | 4 | 3 | 2 | 1 |
|---|---|---|---|---|---|
| C-1 | 児童がコンピュータやインターネットなどを活用して、情報を収集したり選択したりできるように指導する。 | 4 | 3 | 2 | 1 |
| C-2 | 児童が自分の考えをワープロソフトで文章にまとめたり、調べたことを表計算ソフトで表や図などにまとめたりすることを指導する。 | 4 | 3 | 2 | 1 |
| C-3 | 児童がコンピュータやプレゼンテーションソフトなどを活用して、わかりやすく発表したり表現したりできるように指導する。 | 4 | 3 | 2 | 1 |
| C-4 | 児童が学習用ソフトやインターネットなどを活用して、繰り返し学習したり練習したりして、知識の定着や技能の習熟を図れるように指導する。 | 4 | 3 | 2 | 1 |

### D　情報モラルなどを指導する能力

| 項目 | 内容 | 4 | 3 | 2 | 1 |
|---|---|---|---|---|---|
| D-1 | 児童が発信する情報や情報社会での行動に責任を持ち、相手のことを考えた情報のやりとりができるように指導する。 | 4 | 3 | 2 | 1 |
| D-2 | 児童が情報社会の一員としてルールやマナーを守って、情報を集めたり発信したりできるように指導する。 | 4 | 3 | 2 | 1 |
| D-3 | 児童がインターネットなどを利用する際に、情報の正しさや安全性などを理解し、健康面に気をつけて活用できるように指導する。 | 4 | 3 | 2 | 1 |
| D-4 | 児童がパスワードや自他の情報の大切さなど、情報セキュリティの基本的な知識を身につけることができるように指導する。 | 4 | 3 | 2 | 1 |

### E　校務にICTを活用する能力

| 項目 | 内容 | 4 | 3 | 2 | 1 |
|---|---|---|---|---|---|
| E-1 | 校務分掌や学級経営に必要な情報をインターネットなどで集めて、ワープロソフトや表計算ソフトなどを活用して文書や資料などを作成する。 | 4 | 3 | 2 | 1 |
| E-2 | 教員間、保護者・地域の連携協力を密にするため、インターネットや校内ネットワークなどを活用して、必要な情報の交換・共有化を図る。 | 4 | 3 | 2 | 1 |

※ICT：Information and Communication Technologyの略語。コンピュータやインターネットなどの情報コミュニケーション技術のこと。

図3-2　教員のICT活用指導力のチェックリスト（小学校版）

用に関する教員間コミュニケーションを「コミュニケーション・フロー」として可視化したところ，矢印が集中する2人の教員の存在が明らかになったとしている。この2人の教員が当該校におけるICT活用の中核的存在であり，彼らが周囲の教員に広く働きかけていることでICT活用が普及している様子が確認されている。

なお，「教員のICT活用指導力のチェックリスト」が公表された2007年度は，まだ普通教室へのICT整備は十分ではなく，指導者用デジタル教科書も十分には普及していなかった。後述する児童生徒1人1台のICT環境が想定されるようになった今日，このチェックリストの見直しが検討される段階となっている。

④ 情報化を支える外部人材の育成

学校におけるコンピュータ等の活用を円滑に行うため，1994年度から情報処理技術者等委嘱事業が推進され，必要な財源を国が地方交付税として措置してきた。この財源により，授業におけるICT活用支援や，ICTの操作法などに関する研修支援を外部の専門技術者から受けることができるようになっているが，十分な活用がなされてこなかった。

「情報化の進展に対応した初等中等教育における情報教育の推進等に関する調査研究協力者会議」は，1998年度の報告書「情報化の進展に対応した教育環境の実現に向けて」において，各都道府県・政令指定都市の教育センター等や教育事務所などに，学校に対する教育的，技術的な指導・助言，ハードウェアやソフトウェアに関する情報の提供，情報処理技術者やボランティアの活用に関する企画や連絡・調整を行うなど，学校の情報化を支援する人材を配置することを提案した（文部科学省 1998）。この流れを受け，社団法人日本教育工学振興会（JAPET）は，「教育情報化人材養成委員会・教育情報化コーディネータ検定事業」を発足させ，2001年度から「教育情報化コーディネータ検定試験」を開始した（永野 2001）。同検定では1級・2級・準2級・3級の試験が毎年行われ，数千名に及ぶ合格者を認定している。検定試験の開始当初は，教員による受験も多く見られたが，近年では特に3級においては民間企業からの合格者

がほとんどとなっている。これは，学校を外部から支援するビジネスが一定の割合で普及していることを示していると考えられる。

　中尾・堀田（2006）は，学校の情報化を支える専任的外部人材（ICT 支援員）に求められる業務を明確化・体系化し，4 分類135項目からなる標準化リストを開発した。これを用いて，3 地区12名の専任的外部人材の業務を分析した結果，地方自治体や担当校ごとの業務バランスの違いや，個人の業務特性を指摘することができ，業務評価を行う際に一定の識別力があるリストであったことを確認している。今後，ICT 支援員が地方自治体等で広く雇用されていく際に役立つ知見であると考えられる。

　2007年度，文部科学省は「学校の ICT 化のサポート体制の在り方に関する検討会」を設置し，学校の情報化を支える外部人材の配置についての検討を行った。検討会では，教育長や教育次長など学校の ICT 化について地域レベルで統括する権限をもった人材を「教育 CIO」として教育委員会に設置すること，教育 CIO は自治体 CIO の兼任や外部人材の登用によることも考えられること，教育 CIO の機能を十分発揮するために，これを補佐する人材（教育 CIO 補佐官）や教育情報化推進本部などの組織を設置することなどが提言された。また，校長・副校長または教頭が「学校 CIO」として，地域レベルのビジョン等に基づき各学校レベルで ICT 化をマネジメント・実行すること，これを各学校の情報主任が補佐すること，授業における ICT 活用を中心に教員をサポートする「ICT 支援員」を外部人材により積極的に活用することが提言された（文部科学省 2008）。

⑤　学校間交流学習の実践研究

　ここまで，教員による ICT 活用として，主として一斉授業における教員による ICT 活用を中心に述べてきた。この枠組みに入り切れないものの，教員が主導で進めていく必要がある ICT 活用として「学校間交流学習」がある。学校間交流学習とは，教室にある ICT のうち，インターネット上の掲示板やテレビ会議システム（例えば Skype など）を用いて，離れた学校間で児童生徒が交流しながら学ぶ授業形態である。学校間交流学習は，教室にインター

ネットが敷設されていった1990年代後半から，従来の教室では不可能であった学習形態として期待されてきた。

堀田（2000）は，小学校の当時の ICT 環境の実状に配慮した学校間の共同学習支援システムである「こちらこねっと情報局」を開発した。このシステムは，従来の電子掲示板システムの機能に加え，児童の書き言葉だけのメッセージ交換では十分に議論が深まらないことを想定し，複数のキャラクターによってシステム上で学習支援を行った。参加児童約800人による運用実績による知見として，児童にとって身近で調べやすく，かつ地域の気候や行事によって差が見いだしやすい学習課題を設定し，写真付きで情報交換させることが望ましいことを示している。

「こちらこねっと情報局」は複数の学校の児童が任意に参加するタイプの学校間交流学習であったが，学校のある学級同士がペアとなって進める学校間交流学習に関する実践研究として，堀田・中川（2003）は学校間交流学習を継続させている教員の授業設計について分析している。テレビ会議で学校間交流学習を行っている14人の教員と，電子掲示板で学校間交流学習を行っている13名の教員に対し，それぞれの教育メディアごとに教員を学校間交流学習継続群と非継続群に分割し，それぞれの群で授業設計上意図している点について検討したところ，学校間交流学習継続群の教員は，相手校の教員との密なやりとりを行い，複数の教育メディアによる交流方法を採用し，交流に関わる活動時間の保障および児童の内省を促すための授業場面の設定をしていることを明らかにした。稲垣ら（2006）は，学校間交流学習の先行実践等を分析し，①学習の活動プロセスを明確にする「枠組みモデル」，②設計の順序を示す「手順モデル」の２つによって構成される授業設計モデルを開発している。

近年，タブレット型 PC や無線 LAN が普及し，また Skype に代表されるテレビ会議システムも安価となり，学校間交流学習の実践のハードルは低くなっているが，各教室で広く実施される段階には至っていない。

### 3.1.3 児童生徒によるICT活用に向けて

① 児童生徒1人1台環境の動向

　文部科学省は，2010年4月に「学校教育の情報化に関する懇談会」を設置した。同懇談会が2011年4月28日に公開した最終報告書が「教育の情報化ビジョン」である（文部科学省 2011）。同ビジョンには「2020年度に向けた教育の情報化に関する総合的な推進方策」として策定したと明言されている。

　同ビジョンには「情報通信技術を活用し，その特長を生かすことによって，一斉指導による学び（一斉学習）に加え，子どもたち一人一人の能力や特性に応じた学び（個別学習），子どもたち同士が教え合い学び合う協働的な学び（協働学習）を推進していくことができる」と記されている。さらに「情報通信技術は重要な技術であるが，あくまでもツールであり，その活用に当たっては，学校種，発達の段階，教科，具体的な活用目的や場面等に十分留意しつつ，学びの充実に資するものでなければならない」とも示されている。

　これを具現化しようという施策が，総務省が2010年度からスタートさせた「フューチャースクール推進事業」である（総務省 2010）。全国から小学校10校，中学校8校，特別支援学校2校を指定し，全児童に情報端末（現状ではタブレット型PC）を持たせて授業で活用させ，主としてハード・インフラ等の技術面における実証研究に着手した。その一連の成果は総務省によってガイドラインとして公表された。文部科学省は2011年度に「学びのイノベーション事業」を立ち上げ，総務省「フューチャースクール推進事業」と同じ学校に重ねて研究指定をし，「学習者用デジタル教科書」を用いた学習指導の実証実験を開始した。「学習者用デジタル教科書」とは，児童生徒が1人1台の情報端末を用いる際に，教科書と同等の情報提示をすることを目的としたデジタル教材のことであり，2014年段階ではほとんど市販されていない。「学びのイノベーション事業」では，今後広く普及することになるであろう「学習者用デジタル教科書」の標準化について検討を進めた。東原（2013）によれば，「学習者用デジタル教科書」は，「デジタル教科書コンテンツ」と「デジタル教科書ビューア」から構成され，表現・協働学習アプリケーション等と連携して稼働する仕組みを有し，OSに依存することなく，様々な情報端末で利用可能なも

のとされている。コンテンツとビューアを独立したものとすることにより，採択している教科書の出版社が教科によって異なっても，1つのビューアでそれらの教科書コンテンツを扱うことができ，教科によって操作が異なるといった問題が解消するとされている。

しかしながら，そもそも児童生徒全員に税金によって情報端末を配布できるのか，その情報端末はどのような機能をもつべきなのか，それらの情報端末への教材の配信方法や学習履歴の集約方法，児童生徒全員が1台ずつ情報端末を持った場合の学習形態や指導法の開発，その際の健康面への配慮など，未解決の部分が多くある。特に「学習者用デジタル教科書」については，著作権の問題や教科書制度との関連もあって，実現まではまだ多くの課題解決と時間が必要であることが見込まれている（堀田 2014）。

② 諸外国の動向

学校教育の情報化について我が国が政策上多く参照している国がいくつか存在する。

我が国の普通教室へのICT環境整備については，長い間英国をモデルとしてきた。英国ではIWB（Interactive White Board）と呼ばれるプロジェクタ型の電子黒板が多くの普通教室や特別教室に導入され，日常的な授業環境として広く活用されている。野中ら（2008）は，学力向上にICT活用が寄与することが検証され関連する研究成果が蓄積されている英国において，国レベルで進められたICT環境整備に関わる施策について分析している。その結果，英国におけるICT活用の普及の背景には，自己評価フレームワークによって学校の情報化のあるべき姿を示す指標が設定されていること，国や行政機関が教員の負担を軽減する条件整備を進めてきたこと，その上で学校長を中心としたシニアリーダーシップチームによって学校を単位として情報化が推進されてきたことを明らかにしている。

同様に韓国においても，2005年頃までに多くの普通教室にリアプロジェクタと呼ばれるテレビ型の大型提示装置が導入されている。授業で活用できるデジタル教材が国を挙げて数多く量産され，多くの教員に広く行き渡っていること

によって，ICT の活用頻度が高くなっている。韓国では近年，教科書のデジタル化を強く推進し，指導者用・学習者用の区別なくダウンロードして無料で活用できるようにしており，これが1人1台のタブレット型 PC の普及につながったが，教育の情報化を急ぎすぎたという反省の声も上がり，スピードダウンをすることとなった。

シンガポールでは，「FutureSchool@Singapore」という名称の実証研究が2008年にスタートし (Ministry of Education, Singapore 2008)，8校のフューチャースクールが個性的な実践研究を進めている。

このように諸外国では，普通教室の授業環境としての ICT 整備は一段落し，次なるステップとして児童生徒1人1台の情報端末の導入やデジタル教科書の開発・流通に力を入れているところである。振り返って我が国は，普通教室の授業環境としての ICT 整備に地方自治体間格差が生じている現状の中，これまで十分な ICT 整備を行ってこなかった地方自治体が一足飛びに児童生徒1人1台の情報端末の導入を行っても，教員の ICT 活用指導力の観点からも十分な活用は困難であることが予測される。

## 3.2　学校現場で役立つ教育メディアの開発

### 3.2.1　学校現場で広く用いられている教育メディア
① 普 通 教 室

小中学校の普通教室の多くには，大型提示装置として，50インチほどの大型デジタルテレビやプロジェクタ等が導入されている。プロジェクタで投影した映像は，黒板に貼ったマグネット型のスクリーンに投影されることが多い。これらの大型提示装置に接続される ICT 機器としては，パソコンや実物投影機がある。普通教室に導入されるパソコンは，2000年代後半から，デスクトップ型からノート型にシフトしており，2010年代中盤からタブレット型 PC の導入が始まっている。実物投影機は CCD カメラの応用製品であり，国内メーカーや海外メーカーの様々な種類が導入されている。そのほか，教室にデジタルカメラが置かれている場合も少なくない。

第3章　学校現場で役立つ教育メディア

　上記で取り上げた教育メディアの多くは，教育専用というより民生品であることがほとんどである。強いていえば，実物投影機は学校をメインターゲットとして開発している場合が多いこと，マグネット型スクリーンを貼る黒板が学校以外にはあまり存在しないことから学校が販売のメインターゲットとなっている場合が多いことなどがあるが，そのほかはほぼ民生品である。電子黒板については，学校現場以外ではテレビのニュースや天気予報等でしか見かけないことから学校専用といえるが，その分なかなかコストが下がらないことが普及上の課題となっている。

　パソコンから大型デジタルテレビやプロジェクタ，電子黒板に投影する際には，デジタル教材を提示することとなる。デジタル教材については，国や地方自治体，独立行政法人や財団法人，大学，民間企業等によって数多く開発されてきた。これらのデジタル教材をポータルサイトとしてアクセスしやすくする役割として，かつては国立教育政策研究所によって NICER が運用されていたが，現在は国の判断で運用が停止している。

　学校現場で広く活用されているデジタル教材としては，独立行政法人科学技術振興機構（JST）によって科学技術に関する写真や動画が集められた「理科ねっとわーく」（http://rikanet2.jst.go.jp/）や，日本放送協会によって制作された学校放送番組のストリーミング視聴と指導資料等が利用可能な「NHK for School」（http://www.nhk.or.jp/school/）などがある。教育用のポータルサイトとして広く活用されているものとして「TOSS ランド」（http://www.tos-land.net/）がある。これは TOSS という民間教育団体による無料サイトであるが，広く一般に公開されており，現在，学習指導案や指導事例，児童生徒用教材等，約2万点が収録されている。

② コンピュータ教室
　児童生徒がコンピュータ教室で学習する際には，児童生徒用ツールソフトが活用されることが多い。例えば小学校でシェアの大きいものとしては，ジャストシステム社の「ジャストスマイル」，スズキ教育ソフト社の「キューブきっず」などがある。いずれも，日本語入力機能をベースに，ワープロ，お絵かき，

表計算，プレゼンテーション，写真加工，動画編集，音楽作成などの機能が搭載されている。

コンピュータ教室において，児童生徒の端末を管理するためのソフトウェアとしては，Sky 株式会社の「SKYMENU Pro」などがある。昨今のタブレット型 PC の導入に合わせ，これらの管理機能を普通教室に適用し，無線 LAN 経由で児童生徒のタブレット型 PC の状況を教員用のタブレット型 PC 等で確認でき，電子黒板に提示できるような授業支援システムの開発が始まっている。

③ 情報モラル教材

情報社会の進展とともに，児童生徒がインターネットや携帯電話経由で不適切な情報に出会ったり，事件に巻き込まれたり，あるいはネットいじめなどの案件が生じたりしている中，情報モラルに関するデジタル教材のニーズは極めて高くなっている。

一般財団法人コンピュータ教育開発センター（CEC）は，2000年から情報モラル教育のための Web 教材の開発に着手し，「ネット社会の歩き方」（http://www.cec.or.jp/net-walk/）として公開を続けてきた。本教材は，現在でも情報モラル教育の有名教材として広く活用されている。

情報モラル教育に関する民間による有料のデジタル教材としては，広島県教科用図書販売株式会社による「事例に学ぶ Net モラル」（http://www.hirokyou.co.jp/netmoral/）が，全国の4,000校以上に導入されている（堀田ほか 2012）。

④ 校務支援システム

近年では，教員1人1台の校務用コンピュータが配布され，その上で校務支援システムを導入して活用する例が多い。校務支援システムとは，児童生徒の学籍，成績，生徒指導や家庭状況等の情報を一元管理し，教員間で共有し，最新のデータに基づいた指導を行うためのマルチユーザインタフェースをもったグループウェアである。日々蓄積された情報は，最終的には出席簿，通知表，指導要録等に転送され，転記ミス等を防いでくれる。

学校現場で多く活用されている校務支援システムとしては，TOSYS 社「ス

クールオフィス」，株式会社 EDUCOM「EDUCOM マネージャー」，スズキ教育ソフト社「スズキ校務シリーズ」などがある。そのほか，都道府県等で独自開発して活用している例もいくつか存在する。

### 3.2.2 教育工学研究の成果が活かされて開発されたシステム

　学校現場で広く用いられている教育メディアとして，ICT 活用に関するものを紹介してきたが，これらの多くは民間企業によって独自に設計・開発され，そのまま市場に提供され，教育委員会等によって購入され，学校現場で活用されているものがほとんどである。そのため，必ずしも教育工学研究の成果が十分に活かされているとはいえない。

　一方で，ニーズまたはシーズ調査から理論的背景や設計思想，システム設計・開発，運用・評価について，日本教育工学会等で研究発表が行われてきたものもある。本節では，これらのうち，初等中等教育の現場で広く活用されている教育システムについて紹介する。

① 「eTeachers」

　eTeachersは，フラッシュ型教材の活用促進とその情報提供を目的としたWeb ベースのシステムであり，2007年度にサービスを開始している（堀田ほか 2007）。フラッシュ型教材とは，紙のフラッシュカードのように課題を瞬時に次々と提示するデジタル教材のことであり，Microsoft PowerPoint 形式で作成される。eTeachers は，会員によるフラッシュ型教材の検索とダウンロード，アップロードを可能にしたサイトである。会員数は2014年段階で約2万6,000人であり，約7割が小学校教員である（村上ほか 2011）。

　eTeachers に登録されているフラッシュ型教材は約1万4,000点となっている。教材検索画面と検索結果の画面を示す（図3-3）。チェックボックスで教材を選択してダウンロードすることができる。教材は2011年段階で約57万ダウンロードとなっており（村上ほか 2011），学校現場で広く活用されていることがわかる。

図3-3 eTeachers の教材検索画面と検索結果の画面の例

②「スタディ・ノート」

　スタディ・ノートは，1991年から開発研究に取り組まれてきた，児童生徒や教員をクライアントとした学校教育用グループウェアである（余田 2002）。大学における研究，企業による開発，学校現場による活用，研究者が評価し次の設計につなげていくというサイクルで，すでに20年以上も学校現場で広く活用されている実用性の高い教育システムである。システム開発については余田ら（1992），山野井ら（1992）など，活用実践については成田ら（1994），倉田ら（1994），余田ら（1997）など，学校現場にようやくネットワークが導入された時代から活発に研究報告がなされてきた。

　スタディ・ノートでは，児童生徒が自分の調べたことや考えをデジタルノートに表現し，これを電子メールや電子掲示板によって共有することで交流学習や協働学習を行うことができる。デジタルノートは文字入力や描画のみならず，静止画，動画，音声などのマルチメディア素材を貼り込むことができる。共有された多くの情報の分類・整理を行ったり，ポスターの作成や壁新聞の編集を複数の児童生徒が同時に行ったりすることが可能である。

　スタディ・ノートには，インタラクティブ・スタディと呼ばれる個別学習支援システム，スタディ・ネットと呼ばれるタブレット型 PC での活用を前提としたシステムなど，姉妹製品も存在する。これらは，教育工学研究の成果が学校現場向けの教育システム製品として実現した成功例の代表となっている。

第3章 学校現場で役立つ教育メディア

図3-4 「あつまと＋つくつた」の教材トップページ

③「あつまと＋つくつた」

「あつまと＋つくつた」は，児童生徒の情報活用能力の育成を目的とした学習支援のための教材であり，東北学院大学の稲垣を中心とするチームによって開発された（Inagaki et al. 2012, 稲垣ほか 2013）。情報の集め方・まとめ方に着目した「あつまと」，様々なメディア作品を制作して伝える方法に着目した「つくつた」の2つの教材群によって成り立っている（図3-4）。いずれも，児童生徒が行う学習活動に対する留意点や具体例を，手本や失敗例として画像や映像で示す教材である。

「あつまと」は，図書，ウェブ，インタビュー，アンケートの4つの手法を取り扱い，それぞれの手法ごとの情報の集め方や整理の仕方についての教示が行われる。「つくつた」は，新聞，プレゼン，ビデオ，リーフレットの4つの手法を取り扱い，それぞれの手法ごとの情報の作り方や伝え方について，ルーブリックに対応させた教示が行われる。

123

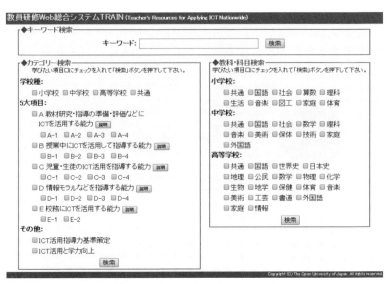

図 3-5 「TRAIN」のトップページ

　学校現場で「あつまと＋つくつた」を用いた実践が行われ，様々な実践発表がなされている。

④「TRAIN」

　TRAIN は，Teacher's Resources for Applying ICT Nationwide の略であり，教員の ICT 活用指導力を向上させる教員研修 Web 統合システムである。独立行政法人メディア教育開発センター（NIME）が2003年から進めてきた教員の ICT 活用指導力の向上を目的とした研修システムに関する研究を発展させ，教員が ICT 活用の指導場面ごとの具体的イメージや解説を映像で見たり，指導資料を得たりすることができる e-ラーニングシステムとして完成させ，2008年より運用がスタートした。

　TRAIN では，短時間のビデオ・モジュール218本を対象に，選択または検索してストリーミング視聴することができる。さらに，TRAIN を利用した自己研修，校内研修，集合研修への支援を強化するために，これらのビデオ・モジュールの中から50の実践事例を選んで，アドバイス付き事例集を作成し，

第3章 学校現場で役立つ教育メディア

図3-6 「REAS」のトップページ

関連した指導場面とともに提供された。また，教員のICT活用指導力に関する234件のFAQが提供された。

TRAINに関する評価を，全国の785の教育委員会を対象に実施したところ，教育委員会からTRAINが高く評価されていた（清水ほか2010）。

独立行政法人メディア教育開発センターが独立行政法人整理合理化計画によって2009年に廃止されたのに伴い，独立行政法人教員研修センターがTRAINの運用を引き継いだ（http://www.nctd.go.jp/train/）。

⑤「REAS」

REASは，Real-time Evaluation Assistance Systemの略であり，Webを利用して調査研究を行うためのリアルタイム評価支援システムである。独立行政法人メディア教育開発センター（NIME）が進めてきた数多くの調査をもとに，プログラム言語等についての専門的知識のないユーザーでもネットワークを利用して調査・集計およびフィードバックができるように開発されたASP方式のシステムである（芝崎ほか 2006）。

ユーザーはREASのオーサリング機能を用いて設問や回答形式を選択し，Web上に調査用紙を設置することができる。REASには設問テンプレートが用意されており，似た設問や回答形式に合わせて簡便に調査用紙を作成することができる。順位選択，段階評定，SD法など教育研究に適した設問形式も用意されている。回答結果はリアルタイムに集計に反映される。

REASの運用開始からすでに10年ほどが経過しているが，その間，インターフェイスの見直しや，携帯電話からでも回答できるようにするなどの改善が施されてきた（芝崎ほか 2007，芝崎ほか 2008）。独立行政法人メディア教育開発センターが2009年に廃止されたのに伴い，放送大学が REAS の運用を引き継いだ（http://reas2.code.ouj.ac.jp/）。今日でも，学校現場での調査のほか，大学の研究者や大学院生等に広く利用されている。

### 3.2.3　児童生徒が用いるシステム開発の実際例

　学校現場をターゲットとした場合の教育システム開発や運用はどのような留意点や配慮点があるのだろうか。

　この問いに答えるために，ここでは「キーボー島アドベンチャー」（http://kb-kentei.net/）の開発および運用を事例として紹介する。

　小学生を対象としたキーボード入力学習システム「キーボー島アドベンチャー」は，2003年9月に全国の小学生に無料で公開されて以来，約10年間に渡って，全国の小学校の約28％にあたる約6,000校で利用されてきた。この10年間には学習指導要領の改訂が行われ，小学校学習指導要領総則に「コンピュータで文字を入力するなどの基本的な操作や情報モラルを身に付け」という記載がなされ，さらに同解説総則編には，小学校段階では情報手段に「慣れ親しませることから始め，キーボードなどによる文字の入力（途中略：筆者）などの基本的な操作を確実に身に付けさせる」と具体的に示されるなど，学校現場のニーズも高まることとなった。この数年は毎年約20万人の小学生のユーザー登録があり，学校現場で長期間に渡り広く活用されている代表的な教育システムである。

　「キーボー島アドベンチャー」のシステム設計の方針や開発，活用実践に関する学会発表は，これまで数多くなされてきた。査読論文としては，システム設計および開発と初期の学習効果についてまとめた論文（堀田・高橋 2006），利用ログから分析した小学生のキーボード入力スキルの状況（高橋・堀田 2005），学習指導要領の改訂に伴うユーザー層の変化の観察（堀田ほか 2011）などがあり，これらのことからもわかるように，教育工学分野におけるシステム開発研

第3章 学校現場で役立つ教育メディア

図3-7 「キーボー島アドベンチャー」のトップページ

究として学校現場に寄与しているシステムである。
　以下，これまで発表した査読論文をもとに，学校現場に役立つ教育システムの設計，開発，運用，評価の観点で再整理していく。

① 開発の背景
　2002年度からの学習指導要領で「総合的な学習の時間」が始まった。この時期，この時間を使って，児童がインターネット等を活用して調べ学習を行い，情報を整理してプレゼンテーションスライドを作成したりWebページを作成したりするなどの学習活動が期待されていた。
　これらの学習活動を行う際の課題として，児童によるキーボードからの日本語入力のスキルの不足があり，学校現場においては多くの教員が指導上の困難点としてこの問題に直面していた。キーボード入力のスキルが高い児童は，短い時間で学習成果の入力を完了させ，内容の質を高める活動に時間を割くことができるものの，キーボード入力のスキルが十分でない児童は，学習成果を入力することそのものに時間がかかってしまい，肝心な学習内容を深く理解する

ための時間が確保できない。このように，児童のキーボード入力スキルの有無が，学習内容の理解に影響を与えていた。

　国語科においては，国語科の目標である言語能力を高めるために一定の漢字の知識が必要であり，そのために漢字のドリルなどが学習指導として位置づいている。同様に算数科においては，九九などの計算のスキルが繰り返し学習されるように配慮されている。体育科でも，小学校ではなわとびや持久走などにおいて個々のペースで努力を促すような指導は一般的である。これらの教科はいずれも，思考・判断などより高次の学力形成を目的としているものの，それを実現するために必要な基本的なスキルをある時期や場面で徹底して習熟させるという立場をとっている。

　キーボード入力を情報教育の基本的なスキルであると捉え，このスキルを身に付けさせるために繰り返し練習をさせることを学習内容に位置づけることは，他教科と比較しても無理のない考え方であろう。この考え方は，学校現場で多くの教員が指導上の困難点として直面している児童のキーボードからの日本語入力のスキル不足を克服するという点の解決にも結びつく。

　このような考え方は上記で取り上げたように多くの教科で見られる典型的な考え方であるが，一方で「算数は計算ができるようになればいいわけではない」「キーボード入力が速くなることが情報教育の目標ではない」というような批判を生じさせやすい。算数では，九九の学習をしたあとに，九九の知識を発揮する学習場面が数々用意されている。国語における漢字も同様である。情報教育においても，キーボード入力のスキルを習得した児童が，身につけたスキルを発揮して学習する場面が多く準備されることが重要である。つまり，キーボード入力学習を徹底的に行うこと自体は，情報教育の目標とは矛盾しない。しかし，情報教育に費やすことが可能な授業時間等が限られている中で，キーボードスキルの習得ばかりに時間がかけられないという現実的な問題もある。

　以上より，キーボード入力学習における優れた指導法を見出し，学校教育の中で無理なく実施できるような仕組みを作り，これを全国に普及させることによって，情報教育に費やすことのできる指導時間をより本質的な学習に振り向

けることができるような体制づくりが望まれていると考えるに至った。

② 問題の分析と先行研究のレビュー

　日本語をキーボードから入力する方式は，日本では以前からコンピュータ利用の大きな課題であった（大岩ほか 1983）。

　日本語の文は，「漢字」と「かな」で構成される。キーボードからの日本語入力の方式は，現在，「ローマ字入力」が主流である。「ローマ字入力」は，①キーボードからアルファベットの組合せでローマ字を入力，②IME（Input Method Editor）が自動的にひらがなに変換して画面に文章をハイライト表示，③ハイライト表示された文章に対し変換キーで漢字混じり文に変換という段階を経て日本語の文を入力する方式である。このうち，②はソフトウェアが自動的に行う作業である。よって，キーボードからの日本語入力の訓練は，①と③の2つのスキルの獲得を目的として行われることになる。ここでは，①を「ローマ字入力」，③を「日本語変換」と呼ぶ。

　「ローマ字入力」は，アルファベットの組み合わせであるローマ字の知識，キーボードからアルファベットを入力するタイピングスキルの2つを同時に必要とする。したがって，キーボードからの日本語入力の初心者には，QWERTY キーボードからのタイピングに慣れると同時にローマ字の知識も自然に身に付くような訓練が必要である。

　「日本語変換」には別の問題がある。日本語では同じ読み方に複数の異なる漢字が対応することが多く，IME が候補として挙げた漢字の中から適切なものを選択しながら文章を作成していかなければならない。したがって，キーボードからの日本語入力の初心者には，この訓練も必要である。

　以上のように，一度習得してしまったら認知的には自動処理されているキーボードからの日本語入力であるが，その習得の初期段階では，複雑な認知活動であることがわかる。キーボードからの日本語入力学習においては，特にその初期段階に認知負荷が高くなりすぎないような段階性をもった指導が必要である。

　当時，訓練ソフトウェアを使ったキーボード入力学習については，主に成人

や大学生への指導法について研究が進められてきていた。ここでは個別の先行研究の紹介は割愛するが，成人や大学生を対象とした論文や書籍はいくつか報告されており，これらの知見をもとに，キーボード入力の診断ができるシステムを構築した例も存在した。また，中学生のキーボード入力について論じた論文も見られたが，小学生のキーボード入力学習のための学習システムの論文や研究報告は数少なかった。

また，実際に小学生向けに市販され，学校現場で活用されているキーボード入力用の学習ソフトウェアはいくつか存在していた。しかし，無意味文字列を練習させたり，母音のみの文字と促音便を含む文字を同列に提示したりするなど学習段階が意識されていないものなどが多く見られていた。Web によるキーボード練習サイトには，漢字変換に対応していなかったり，単純にランキングのみがあったりするだけのものなど，十分に検討された学習システムにはなっていなかった。

キーボードからの日本語入力に関する学習は，それがコンピュータで日本語を利用していく際に不可欠なものであることから，日本語を母語とする児童生徒には極めて重要な訓練である。英語圏においては，日本語に変換しなくてよいという点でハードルが低いが，それでもキーボード入力学習についての学習システムの研究は存在していた。学校においては，学習指導時間の不足やコストを検討する必要があること，教師の指導力の不足が課題であることも指摘されていた。また，学習者個々のモチベーションをもたせるだけでは力不足であり，効率よく子どもの達成段階を評価し，同時に学校現場で使いやすいものであることが重要であるとの指摘も存在した。

キーボード入力以外のスキルにおいては，スキルに応じた級を設定して検定を行う制度は数多くある。例えばそろばんでは，多くの場合10級から級が上がっていくことでスキルが高くなり，1級の上に初段，2段というような級設定がされている。昇級の判定は，定められた基準をクリアしたかという検定によって行われている。級を設定し検定を行うという方法は，児童が親しんでいる書道，柔道など多くの習い事で一般的な手法であり身近である。スモールステップで配置された級は，手が届きやすい学習目標となり，その合格を目指す

ことが学習の励みになる。さらに次々と検定に合格し，級が進んでいくこと自体も学習の励みとなり，最終的に大きな目標を達成することになる。

　級の基準に到達しているかを検定する際に，コンピュータを利用する例としては，例えば日本漢字能力検定，日本語文章能力検定，P検（パソコン検定試験資格試験制度）などの有名な検定でも見られていた。

　このように，級を設定し検定を行うという方法は一般的であり，児童にとっても親しみやすいと考えられ，児童のキーボード入力学習に活用することは，学習を促進し学習効果を上げることにつながると期待できるが，このような学習システムはまだ存在していなかった。

③ 研究の目的と方法

　本研究では，小学生のキーボードからの日本語入力の速さと正確さを向上させるための検定機能をもった学習システムを開発し，次の2つの観点から評価することを研究の目的とした。

（目的1）小学生のキーボードからの日本語入力の速さと正確さを向上させる学習システムであったか。

（目的2）検定機能の実装が学習成果の向上に望ましく機能したか。

本研究は次のような手順で進めることとした。

（手順1）小学生のキーボードからの日本語入力学習の向上のための検定機能について検討し設計する。

（手順2）検定機能を実装したキーボードからの日本語入力学習システムを開発する。

（手順3）モニター期間を設け，学校現場で活用してもらう。

（手順4）その後，正式運用とし，全国の学校で情報教育の学習場面で広く活用してもらう。

本研究の評価については，以下の2つの評価データを利用することとした。

（目的1）については，およそ7ヶ月分間にわたる現実での学校生活における正式運用時のログを解析し評価した。

（目的2）については，同ログのほかに，正式運用時の活用度が高い14校に

対してアンケート調査を行い評価した。

④ システム設計

　小学生にキーボードからの日本語入力を身につけさせるために，スモールステップで，変化をもたせながらも繰り返し取り組んでいくことができる級設定と合否基準を検討した。

　キーボードからの日本語入力は，キーボード上の文字を拾うこと，ローマ字の理解と打鍵，フロントエンドプロセッサによる変換や確定といった複数の操作からなる合成スキルである。最終的には，一定の速さで日本語入力できるようになるとしても，その学習途上にあっては，それぞれの操作を個別に学習する場面が必要である。ところが，これらの操作の難易度の関係ははっきりしない。さらにこれらの下位目標の難易度の関係ははっきりしない。

　そのため，キーボードからの日本語入力を先進的に指導してきた2名の現場教員の指導経験をヒアリングし，入力する文字の種類の範囲や入力の正確さについての情報を得た。それらをもとに級設定の案を作成し，合否基準となる入力所要時間などの値をディスカッションしながら組み合わせ，2名の経験を活かした30の級として設定した（表3-1）。

　30級がもっとも簡単であり，1級をクリアすると初段となって検定終了となる。1級の目安は，先進的な実践を進めている学校のキーボードからの日本語入力スキルが比較的高い小学校高学年の児童のレベルを想定し，授業時間（45分間）内でＡ4用紙1枚程度（約1,000字）の文章が入力できるようになることとした。

　母音の1文字入力（30級），子音と母音の組み合わせによるか・さ・た行までの1文字入力（29-28級），それまでに習得したひらがなの組み合わせによる単語入力（27級）のように，スモールステップで級を設定した。その際，27級の例のように適宜単語レベルでの入力を挟み，学習が単調にならないようにした。半濁音は25級，濁音は23級，拗音は21級，促音は18級のように，児童の学習において困難性の高い学習内容は連続しないように配置し，その間に単語レベルの入力を挟んだ。17級には，句点・読点を含むひらがなの短文の入力を配

第3章　学校現場で役立つ教育メディア

表3-1　級別の検定内容と合否基準

| 級 | 検定内容 | 合否基準 速さ | 合否基準 正確さ |
|---|---|---|---|
| 30級 | ひらがな（あいうえお） | 10 | 90 |
| 29級 | ひらがな（か行） | 10 | 90 |
| 28級 | ひらがな（さ・た行） | 10 | 90 |
| 27級 | ひらがなの単語 | 10 | 80 |
| 26級 | ひらがな（な・は・ま行） | 10 | 90 |
| 25級 | ひらがな（や・ら・わ・ぱ行・ん） | 10 | 90 |
| 24級 | ひらがなの単語 | 20 | 80 |
| 23級 | ひらがな（が・ざ・だ・ば行） | 20 | 90 |
| 22級 | ひらがなの単語 | 20 | 80 |
| 21級 | ひらがな（きゃ・しゃ・ちゃ・にゃ行など） | 26 | 90 |
| 20級 | ひらがな（ぎゃ・じゃ・ぢゃ・ぴゃ・ぴゃ行） | 26 | 90 |
| 19級 | ひらがなの単語 | 30 | 80 |
| 18級 | ひらがなの単語（っ） | 30 | 80 |
| 17級 | ひらがなの短文（,。） | 40 | ― |
| 16級 | ひらがなの短文 | 45 | ― |
| 15級 | ひらがなの短文 | 50 | ― |
| 14級 | ひらがなの短文 | 60 | ― |
| 13級 | 短文（漢字） | 25 | ― |
| 12級 | 短文（カタカナ・ー） | 30 | ― |
| 11級 | 短文 | 30 | ― |
| 10級 | 短文（「 」『 』） | 30 | ― |
| 9級 | 長文 | 30 | ― |
| 8級 | 短文（アルファベット） | 30 | ― |
| 7級 | 短文（数字・計算記号） | 30 | ― |
| 6級 | 短文（記号） | 30 | ― |
| 5級 | 長文（いろいろな文字） | 30 | ― |
| 4級 | 短文（いろいろな文字） | 30 | ― |
| 3級 | 短文（いろいろな文字） | 30 | ― |
| 2級 | 長文（いろいろな文字） | 40 | ― |
| 1級 | 長文（いろいろな文字） | 50 | ― |
| 初段 | 長文（いろいろな文字） | 60 | ― |

■速さ（1分間あたりの入力文字数）＝入力した文字数／入力に要した時間（分）
■正確さ（％）＝（（総入力キー数－間違い入力キー数）／総入力キー数）×100

置した。IMEを使った漢字かな混じり文は13級から，カタカナは12級，アルファベットは8級に配置した。9級からは長い文の入力も要求した。

　合否基準は次のように定めた。基本的なキーボード操作である「ひらがなの単語」の級（18級）まで，速さと正確さの2つを満たすことで合格とした。速さの基準は，10文字/分から徐々に高くし30文字/分とした。正確さは，ひらがな一文字の場合は90％，単語の時は80％とした。児童に正確なひらがな入力を求めるものの，速さの合格基準を低めにし，手軽に合格できることで，本システムによる学習に興味がもてるようにした。17級以上の合格基準は速さのみとした。初出の文字種は低めの条件とし，級が進み繰り返し出題されるにつれて速さの合格基準が高くなるようにした。最終的には記号を含むいろいろな文字が入った長文を60文字/分で入力できると合格できるようにした。

　また，キーボードを見ずに入力をするタッチタイピングを促すために，児童が画面を見たままで入力せざるを得ないような問題として，表示後一定時間で問題が消える級を設定した。さらに，その場で入力の間違いに気がつくように，正確さは最後に判定されるのではなく，間違った入力がある度に赤字で表示するようにした。その際，修正するまで次の問題へ進めないようにした。

　各級の検定は，ゲーム仕立てとした。キーボー島の島民として30のキャラクターがおり，その1つ1つと「試合」をして勝利を収めると，キャラクターをコレクションできるというストーリーとした。これは，小学生に人気のあるゲームのストーリー展開を参考にした。

　この30の級設定は経験的に定めたものである。したがって，本システムを活用して学習する小学生にとって，果たしてこの30の級が難易度順に整列しており，学習進行を妨げていないかを評価する必要があると考えた。

　ここまでは検定に関する設計要件であったが，その他にも以下の設計要件を検討した。

　キーボードからの日本語入力学習を学校教育の中で無理なく行うためには，授業時間中に利用できるばかりでなく，休み時間や家庭学習でも，これまで取り組んできた内容の続きを同じインターフェイスで学習できることが望ましいと考えた。

授業時間は学校のコンピュータ室での活用が想定できる。それらのコンピュータは1台を複数人が交代で利用することが多い。そのため，児童ごとに専用IDでログインし学習者を特定できるようにする必要がある。また，学習は必ずしも授業時間ばかりではないことが想定されたため，1回の検定を1分程度の短い時間で終わることができるようにし，児童が休み時間等で交代しながら学習できるようにする必要があると考えた。

　キーボードからの日本語入力のスキルは，学年差よりも個人差が大きいと考えられる。例えば，家庭にパソコンがあり経験している児童は，そうでない児童よりも経験量が大きいため，当然入力が速い。スキルに大きなばらつきがあるため，それぞれのペースで飽きずに練習が進められるようなシステムが必要である。そこで，児童IDで学校からでも家庭からでもアクセスすることを可能とすることが望ましいと考えた。

　それぞれの児童がそれぞれの進度で学習を進めるとなると，教員が学習状況をいつでも把握できるような仕組みが必要となる。そこで，本システムへの登録は担当教員ごとに行い，システムから教員IDを付与された教員が，担当学級の児童を登録して児童IDを発行できる仕組みとした。教員IDでログインすると，担当する児童の進級状況やアクセス状況などが確認できるようにした。

　その他のコンテンツとして，指導法のノウハウやワークシートやローマ字表などの教材をダウンロード可能とした。さらに，キーボードからの日本語入力の学習指導のための指導アイデアを教師から集めてWebで公開した。

　本システムは，情報教育の実践研究者を中心に組織したコンソーシアムで設計を行った。本コンソーシアムには，30の級の設計に関わった2名の他に，キーボード入力学習をはじめ国内の情報教育の実践をリードしてきた複数の小学校教員が関わり，彼らの経験則をシステム化することを目指した。システム開発は，小中学生向けのツールソフトの開発で国内トップシェアの実績をもつ企業が行った。このような体制を確保した理由は，学校現場の現実に合わせた有用なシステム構築を行うことを最大の目標としているためであった。また，単にシステムを開発して提供するだけでなく，利用履歴を継続的にモニターし，学校現場でより使いやすいシステムにチューニングしていくことを目指した。

⑤ 実　　装

　開発したシステムは「キーボー島アドベンチャー」と名付けられ，2003年9月から全国の小学生に無料で公開された。

　開発したシステムは，通常のブラウザがあれば利用することができる。

　クライアント側に推奨する環境は，CPU：350 MHz 以上，メモリ：64 MB 以上，解像度：800×600 以上，OS は Windows 95，98，Me，2000，NT，XP，ブラウザは Internet Explorer 5.5 以上である。これは当時，国内の学校に導入されている多くのコンピュータがクリアしているスペックであった。インターネット接続環境は ADSL 以上の回線が望ましいが，そうでない回線でも対応は可能なようにした。Adobe Flash Player の Version.6 または 7 を必要とした。

　サーバー側のシステムは，Web 用とデータベース用の2台のコンピュータで構成した。Web サーバーの CPU は Pentium4 1.8 GHz，メモリは 512 MB であり，Linux 上で Apache と PHP 等が動作していた。データベースサーバーの CPU は Xeon 2.4 GHz，メモリは 2 GB であり，Linux 上で Postgre SQL 等が動作していた。

　利用時には，ブラウザから「キーボー島アドベンチャー」の Web サーバーにアクセスし，ログインを行う。その際は，Web サーバーから，データベースサーバー上にあるユーザー情報 DB を参照してユーザー認証を行い，学習者状態情報 DB を参照して現在の級を得る。学習者が挑戦する級を決定すると，システムは問題情報 DB の対応する級の課題を取得し，Flash で書かれたプログラムを通して，ランダムに課題を提示し入力を促す。それぞれの課題は全て回答時間に制限があり，制限時間を過ぎた場合，自動的に次の問題に進むか検定が終了する。これらのプログラムと課題は最初に一括してダウンロードされるため，検定が開始された後の出題等の進行には，回線の速度は依存しない。検定終了後，学習者の入力結果は正答情報とマッチングされ，入力の正確さや速さが学習履歴管理 DB に保存される。級の所定の入力の正確さもしくは速さを超えていれば検定合格となり，学習者状態情報 DB が更新される。

　今日となってはよく見られるシステム構築であるため，システム内の各デー

タベースやプログラムの関係図は割愛する。

⑥ モニター評価とシステムへの反映

　2003年9月からの正式運用の前に，2003年5月から約2ヶ月間に渡ってモニター評価が行われた。モニター評価の目的は，正式運用において課題となる点の同定と未然の対処であった。モニター評価で利用されたシステムは，その時点での完成版であった。

　モニター評価には19校の小学生1,897名が参加した。参加した児童の多くは小学校3年生〜6年生であった。学習の過程で入力されたすべてのログが採取された。また，必要に応じて19校の担当教員や児童にアンケートやインタビューによる調査が行われた。

　2ヶ月間のモニター評価により，以下の諸点が修正されることとなった。

　学習履歴を採取し転送するオーバーヘッドが大きく，児童は転送を待ちきれないことがわかった。正式運用時には，タイプミスの詳細な学習履歴を採取せず，試合ごとの結果情報のみを採取するよう修正することとした。

　週のアクセス頻度を見ると，月曜日から金曜日に多く分布しており，それに比べて土・日は少なかった。しかし，家庭からのアクセスが一定量あることがわかった。1日の時刻別アクセス頻度によると，アクセスの集中は10時，13時，15時頃にピークがあり，小学校の休み時間と対応していた。正式運用時には利用者が数十倍になることが予想されたため，ピーク時でもシステムのレスポンスに問題がないよう，サーバーのチューニングが行われた。

　学習履歴の分析から，キーボードからの日本語入力の学習を始めたばかりの児童が29級で留まっていることがわかった。この時点での29級は，か行・さ行の入力を求めており，初心者には負担が大きかったと予想された。学習開始後の負担の大きさは，その後のモチベーションの継続を妨げる恐れがあると判断され，29級をか行の学習だけにし，28級から25級までの級設定を見直した。

　これらの修正を踏まえて正式運用版システムが完成した。

⑦ 評価データの採取

システムの評価には、サーバーに蓄積された学習者のログを用いた。学習履歴をキーボードからの日本語入力のスキルの研究のために活用することをあらかじめ明示した上で本システムのユーザー利用登録を受け付けた。

分析は、2003年9月1日から2004年3月23日までのおよそ7ヶ月の正式運用のログを対象とした。1,038校の小学校（全国の当時の小学校数2万3,094校のうちの5.1%相当）から、1,842名の教員等の応募があり、その教員等を介して児童8万1,299名が登録した。登録された児童のうち、実際に1回以上試合を行った児童は5万2,326名であった。

1回以上試合を行った児童のうち、1年生は247名（0.5%）、2年生は1,003名（1.9%）であり、他の学年よりも著しく登録者数が少ないため、分析の対象からは除くこととした。3年生は8,010名（15.3%）と4年生以上に比べてやや少ないが、十分な利用者数と判断した。4年生以上はいずれも約1万5,000名程度であった。3年生から6年生合計5万1,076名の実ユーザーによる全試合数は24万5,369であった。

検定機能が有効に機能したかを検証するためにインタビュー調査も行った。インタビュー調査は、登録校1,038校のうち、試合数の多い上位14校を選択し、教師にインタビュー項目を電子メールで送り、教師から児童にインタビューを行って返信する方法で行った。

⑧ システムの評価

（目的1）として取り上げた、小学生のキーボードからの日本語入力の速さと正確さを向上させる学習システムであったかについて評価を行った。

システムの全体的な効果を調べるために、各級の「試合」に初めてチャレンジしたときの入力の速さの平均と、当該級合格時の入力の速さの平均を、学年別に比較した（図3-8）。どの学年も入力の速さは約2.0倍に向上していた。各級の「試合」に初めてチャレンジしたときの入力の正確さの平均と、合格時の入力の正確さの平均についても比較したところ、どの学年もほぼ50%強だった正確さが、85〜90%の正確さとなった。このことより、本システムは、キー

第3章　学校現場で役立つ教育メディア

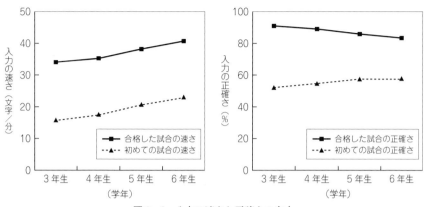

図3-8　入力の速さと正確さの向上

ボードからの日本語入力の速さと正確さを向上させることが示された。

　なお，入力の正確さは，濁音の文字がもっとも低く，特に「ぢ」「づ」がもっとも正確に入力ができないことも判明した。

　分析対象とした全児童のうち，10級以上に進んでいる児童は全体の10％であった。全参加校のうち，分析対象とした3年生から6年生まで全ての学年で10名以上が10級以上に達していた学校はH小，K小，M小の3校であった。この3校は，本システムに学校をあげて取り組んでおり，しかも上位10％に10名以上が入るほどの達成度を示している学校であると考えることができる。この3校において，それぞれの児童が何試合目で何級に達しているかというデータを抽出し，各学校の各学年ごとに平均値を求め，学年別に表したグラフが（図3-9）である。いずれも勾配がゆるやかな方が早く上位級に達していることを示している。学校によって達成試合数には違いがあるものの，グラフがほぼ直線になっていることから，平均的には各級を一定試合数で乗り越えていることがわかる。また，学年があがるにつれて達成するための試合数が少なくなっていることから，キーボードからの日本語入力は高学年ほど身につけるために必要な学習時間が短いことがわかる。

　（目的2）として取り上げた，検定機能の実装が学習成果の向上に望ましく機能したかについて評価を行った。

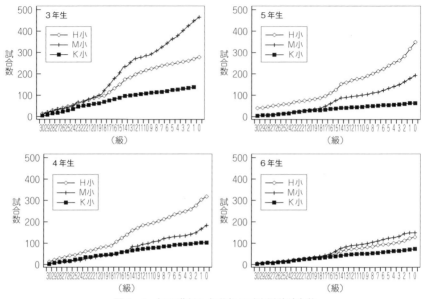

図3-9 級の進行と各学年の平均累積試合数

　図3-10は，正式運用の最終日に各級に何名留まっていたかを棒グラフで示している。「n級に留まっている」ということは「n級の試合をクリアしていない」ということである。仮にn級の検定がn級の近傍の検定よりも難しければ，n級に留まっている人数は増えることになる。したがってこの数値は，各級の難易度を示す1つの指標になると考えることができる。折れ線グラフは，各級をクリアするまでに要した試合回数の平均値である。仮にn級の検定がn級の近傍の検定よりも難しければ，n級の試合回数は周囲と比較して多くなることになる。したがってこの数値も，各級の難易度を示す1つの指標になると考えることができる。

　棒グラフの高さが高い順に見ると，23級，28級，17級となっており，これらの級が近傍の級よりも難しかったと考えられる。

　その中で，28級は留まる率は高いものの，平均4.0回でクリアすることができるが，23級は留まる率が高い上，平均8.7回かかっている。23級は「が・ざ・だ・ば行」のローマ字が検定内容であり，濁音の学習が小学生には難しい

第3章 学校現場で役立つ教育メディア

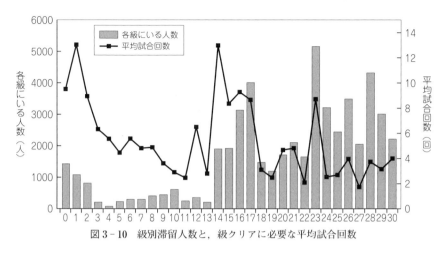

図3-10 級別滞留人数と，級クリアに必要な平均試合回数

ことが読み取れる。滞留者数が多い17級は読点や句点を使った文章を初めて入力する級であり，新規内容のためクリアしにくかったと考えられる。滞留者数はそう多くないが平均13.0試合かかる14級は，短文入力で入力の速さの閾値が高くなっている級である。

　近傍の級と比較してやや難易度の高い級はあるものの，滞留者数も平均試合回数も，著しく高くて学習を妨げている恐れがあるような級は見られなかった。よって検定の級設定は，時には難しい級を乗り越えながらもステップアップすることができるものであったと評価できる。

　また，試合回数が上位14校の学習者に対して，「キーボー島アドベンチャー」を使った学習への印象についてのインタビュー調査を行った。その結果，「早く20級をクリアしたいです」「今年のうちに3級まで行きたい」のように級の向上を目標としている例や，「学校にいるときは主に休み時間や昼休みに挑戦しています」「家では，夜や休みの日に挑戦しています」のような学習時間に関する例，「かっこいいキャラクターがたくさんいて楽しみながら自然とキーボード入力が速くなる将来役に立つものだと思っています」のようなシステム全体に関する印象の例など，合計で66個の印象が寄せられた。そのうち，級を攻略することや級が励みになったと報告されたのは33件であり，全体の50%を占めていた。このことから，級を設定し検定を行う仕組みは，児童の学習の動

機づけやスキル向上に十分に寄与していたと考えられる。

⑨ 安定運用によって観察される児童の実態

　教育システムが安定的に運用されており，かつ学習に関するログが蓄積されている場合には，これらのログ情報の分析によって，学習者群の実態を浮き彫りにすることができる。

　月別検定数を集計したところ，2学期・3学期よりも1学期に検定数が多く，検定数の最大値は6月に観察された。この傾向は毎年同様であり，年次変化は観察されなかった。また，月別検定数を学年ごとに分析したところ，学年による傾向の差も見られなかった。

　時間帯別検定数を集計したところ，9時台から11時台にかけて増え，12時台から13時台にいったん減少し，14時台から15時台に再度増えていた。また，16時台から21時台まで一定のアクセスがあり，20時台に小ピークが見られた。夜に自宅で家庭学習として取り組んでいることがわかる。この傾向は毎年同様であり，年次変化は観察されなかった。また，3年生以上の時間帯別検定数を学年ごとに分析したところ，学年による傾向の差も見られなかった。

⑩ 学習指導要領移行措置期間中の変化

　「キーボー島アドベンチャー」の2009年度および2010年度の利用状況について分析した。この2年間は，旧学習指導要領から新学習指導要領への移行措置期間にあたり，新学習指導要領で必須となったキーボード入力学習の指導準備を多くの学校で行ったと考えられる時期であった。

　「キーボー島アドベンチャー」の利用登録では，年度初めの4月に登録を開始し，年度末の3月にユーザーデータを完全に消去する。前年度の履歴は新年度には引き継がれない。

　2008年度の登録児童数が14万7,350名であったのに対し，2009年度は16万1,377名（2008年度の9.5%増），2010年度は20万282名（同35.9%増）となった。この間，特段のプロモーションは行われていない。

　2004年度以降の登録児童の学年分布の割合を（図3-11）に示す。4年生の登

第3章　学校現場で役立つ教育メディア

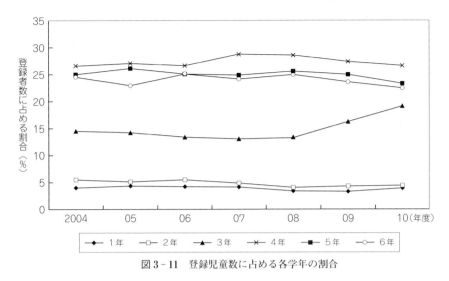

図3-11　登録児童数に占める各学年の割合

録がもっとも多く，続いて5年生，6年生，3年生が続くという順序は変わらないが，2009年度と2010年度の2年間で3年生の割合が約5％増加していた。

図3-12は，2008年度と2010年度の各級の通過率の比較である。通過率は，

$$\frac{（n級以上の級の到達児童数の合計）}{\{(n+1)級以上の級の到達児童数の合計\}}$$

として求めた。

2008年度と2010年度の各級の通過率の分布は相似であったが，全体的には2008年度に比べて2010年度の通過率がやや低い傾向が見られた。この傾向は通過率が低い困難級で一層顕著であった。特に児童が最初につまずきやすい23級（濁音の入力）は約5.1％，17級（IMEを使っての短文入力の導入）は約4.4％の通過率の低下が見られた。


以上，「キーボー島アドベンチャー」を例として，学校現場に役立つ教育システムの設計，開発，運用，評価の観点で再整理した。

「キーボー島アドベンチャー」は現在も運用されており，すでに10年以上の実績がある。一般に，コンピュータの進展は著しく，コンピュータシステムの

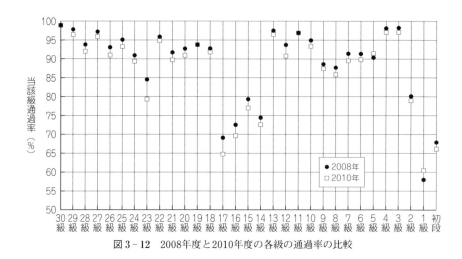

図3-12　2008年度と2010年度の各級の通過率の比較

陳腐化は早いとされているが，学校教育においてはその教育内容や指導方法などの変化はおよそ10年に1回の学習指導要領の改訂に合わせて生じることが多いことから，確実に役立つ教育システムを開発できれば，広く安定的に活用してもらうことができるものである。

**参考文献**

東原義訓（2013）「姿が見え始めた学習者用デジタル教科書——学習者用デジタル教科書の定義と新たな学びの環境」『学習情報研究』2013年11月号：28-31.

堀田龍也（2000）「小学校での現実的な利用条件に配慮した遠隔共同学習システムの開発」『教育情報研究』15(4)：43-50.

堀田龍也・中川一史（2003）「情報通信ネットワークを利用した交流学習を継続させている教師が学習指導上意図している点」『日本教育工学雑誌』26(4)：325-335.

堀田龍也・高橋純（2006）「キーボー島アドベンチャー：検定機能を実装した小学生向け日本語キーボード入力学習システムの開発と評価」『日本教育工学会論文誌』29(3)：329-338.

堀田龍也・高橋純・三好亜理紗・平山栄一・村上守・川澤和成（2007）「フラッシュ型教材を収集・提供する Web サイトの開発」『日本教育工学会研究報告集』JSET07-4：33-38.

堀田龍也・木原俊行（2008）「我が国における学力向上を目指した ICT 活用の現状と課題」『日本教育工学会論文誌』32(3)：253-263.

堀田龍也・高橋純・丸山紋佳・山西潤一（2008）「一斉授業の授業過程における ICT 活用の

目的，頻度，タイミングに関する調査」『日本教育工学会論文誌』32(3)：285-291.
堀田龍也・高橋純・大垣厚志・丸山圭介・鈴木広則（2011）「学習指導要領の移行措置期間中における「キーボー島アドベンチャー」の利用状況の分析」『日本教育工学会論文誌』35（Suppl.）：69-72.
堀田龍也・平松茂・桐野志摩美（2012）「日常的な情報モラル教育のための教材群の開発」『日本教育工学会研究報告集』JSET12-3：59-64.
堀田龍也・高橋純・山田愛弥・八木澤圭（2013）「小学校教員が実感している実物投影機の活用効果に関する分析」『日本教育工学会論文誌』36（Suppl.）：153-156.
堀田龍也（2014）「学校教育における情報化の動向と課題」『音楽教育実践ジャーナル』（日本音楽教育学会誌），11(2)：6-13.
稲垣忠・内垣戸貴之・黒上晴夫（2006）「学校間交流学習のための授業設計モデルの開発」『日本教育工学会論文誌』30(2)：103-111.
稲垣忠・嶺岸正勝・佐藤靖泰（2008）「算数科授業での児童の説明場面における電子黒板の影響」『日本教育工学会論文誌』32（Suppl.）：109-112.
稲垣忠・亀井美穂子・寺嶋浩介・中橋雄（2013）「Web教材を用いた児童のメディア制作活動支援の分析」『日本教育工学会論文誌』37（Suppl.）：77-80.
Inagaki, Tadashi, Mihoko Kamei, Kosuke Terashima and Yu Nakahashi (2012) Development of iPad-based learning materials about media production, *Proceeding of ICoME2012*：20-22
木原健太郎・早川雄二（編）（1980）『よい授業を創るOHPの効果的利用』明治図書出版.
倉田通男・余田義彦・山野井一夫（1994）「小学校国語科授業におけるスタディノート・データベースの活用」『日本科学教育学会研究会研究報告』8(4)：21-26.
Ministry of Education, Singapore（2008）FutureSchool@Singapore.
　http://futureschool.edu.sg/
ミレニアム・プロジェクト「教育の情報化」評価・助言会議（2007）平成17年度評価報告書.
　http://www.kantei.go.jp/jp/mille/kyouiku/houkoku/17hyoukahoukoku.html
文部科学省（1998）情報化の進展に対応した教育環境の実現に向けて.
　http://www.mext.go.jp/b_menu/shingi/chousa/shotou/002/toushin/980801p.htm
文部科学省（2002）情報教育の実践と学校の情報化―新・情報教育に関する手引―.
　http://www.mext.go.jp/a_menu/shotou/zyouhou/020706.htm
文部科学省（2007）教員のICT活用指導力の基準の具体化・明確化―全ての教員のICT活用指導力の向上のために―.
　http://www.mext.go.jp/b_menu/shingi/chousa/shotou/039/toushin/07042507/001.pdf
文部科学省（2008）学校のICT化のサポート体制の在り方について―教育の情報化の計画的かつ組織的な推進のために―.
　http://www.mext.go.jp/b_menu/houdou/20/07/08072301.htm
文部科学省（2009）スクール・ニューディール構想の推進に関するお願い.
　http://www.mext.go.jp/b_menu/houdou/21/06/attach/1270335.htm
文部科学省（2011）教育の情報化ビジョン.
　http://www.mext.go.jp/b_menu/houdou/23/04/_icsFiles/afieldfile/2011/04/28/1305484_

01_1.pdf
文部科学省（2013）教育振興基本計画.
http://www.mext.go.jp/a_menu/keikaku/detail/_icsFiles/afieldfile/2013/06/14/1336379_02_1.pdf
文部科学省（2014）平成25年度学校における教育の情報化の実態等に関する調査結果.
http://www.mext.go.jp/a_menu/shotou/zyouhou/1350411.htm
村上守・三好亜理紗・加藤栄政・高橋純・堀田龍也（2011）「フラッシュ型教材の活用促進のためのWebサイトeTeachersの運用」『日本教育工学会研究報告集』JSET11-3：21-28.
永野和男（2001）「教育情報化コーディネータの役割とその検定制度」『第27回全日本教育工学研究協議会全国大会論文集』, 453-456.
中橋雄・寺嶋浩介・中川一史・太田泉（2010）「電子黒板で発表する学習者の思考と対話を促す指導方略」『日本教育工学会論文誌』33(4)：373-382.
中尾教子・堀田龍也（2006）「学校の情報化を支える専任的外部人材の業務に関する標準化リストの開発」『日本教育工学会論文誌』30（Suppl.）：133-136.
中尾教子・三輪眞木子・青木久美子・堀田龍也（2014）「ICT活用に関する教員間コミュニケーションの分析」『日本教育工学会論文誌』38(1)：49-60.
日本教育工学会編（2000）『教育工学事典』実教出版.
成田顕宏・阿部郁子・余田義彦・山野井一夫（1994）「学校用グループウェア「スタディ・ノート」を用いた中学校美術科におけるデザイン指導の研究」『日本科学教育学会研究会研究報告』8(4)：27-30.
野中陽一・堀田龍也・ラブレス・アブリル（2008）「英国における学力向上のためのICT環境整備の分析」『日本教育工学会論文誌』32(3)：315-322.
大岩元・高嶋孝明・三井修（1983）「日本文タッチタイプ入力の一方式」『情報処理学会論文誌』24(6)：772-779.
芝崎順司・近藤智嗣（2006）「Webを利用した評価調査支援システムの開発と運用」『日本教育工学会論文誌』29（Suppl.）：41-44.
芝崎順司・近藤智嗣・稲葉利江子（2007）「REASのオーサリングの評価によるインタフェースの改善」『日本教育工学会論文誌』30（Suppl.）：169-172.
芝崎順司・近藤智嗣（2008）「REASの携帯電話対応機能の開発とその評価」『日本教育工学会論文誌』31（Suppl.）：21-24.
清水康敬・山本朋弘・堀田龍也・小泉力一・吉井亜沙（2007）「学校教育の情報化に関する現状と今後の展開に関する調査結果」『日本教育工学雑誌』30(4)：365-374.
清水康敬・堀田龍也・中川一史・森本容介・山本朋弘（2010）「教員のICT活用指導力を向上させる研修システムの開発」『日本教育工学会論文誌』34(2)：115-123.
総務省（2010）フューチャースクール推進事業.
http://www.soumu.go.jp/main_sosiki/joho_tsusin/kyouiku_joho-ka/future_school.html
高橋純・堀田龍也（2005）「小学生のキーボード入力スキルの現状」『日本教育工学会論文誌』28（suppl）：133-136.

高橋純・スミス・デイブ・野中陽一・堀田龍也（2011）「英国の小学校の授業過程における ICT 活用の目的・頻度・タイミングに関する事例調査」『日本教育工学会論文誌』35 (Suppl.)：73-76.

高橋純・安念美香・堀田龍也（2012）「教員が ICT で教材等の拡大提示を行う際の焦点化の種類」『日本教育工学会論文誌』36（Suppl.）：65-68.

渡邉光浩・高橋純・堀田龍也（2009）「算数科の一斉授業における ICT 活用による指導の効率化」『日本教育工学会論文誌』33（Suppl.）：149-152.

山野井一夫・中山和彦・余田義彦・東原義訓（1992）「協同学習を支援する学校用グループウェア「スタディ・ノート」のシステム開発」『日本科学教育学会年会論文集』16：215-216.

余田義彦・中山和彦・山野井一夫・東原義訓（1992）「協同学習を支援する学校用グループウェア「スタディ・ノート」の基本構想」『日本科学教育学会年会論文集』16：213-214.

余田義彦・水橋渉・中山和彦（1997）「実験ポートフォリオの作成と公開を通して深められる理科学習――スタディ・ノートを用いた小学校理科の授業実践」『日本科学教育学会年会論文集』21：151-152.

余田義彦（2002）「教育実践の実践知を取り込んだ教育ソフトの開発研究」『日本科学教育学会年会論文集』26：85-86.

# 第4章

# 教育メディアの活用の課題と展望

野中陽一

　教育メディアおよびその活用方法は，教育工学研究の中でも重要な位置付けとなっている。テクノロジーの進歩によって現れる様々な新しいメディアを用いた教育方法に関する研究成果は，教育実践に大きな影響を与えてきた。しかしながら，清水ら (1999) が指摘するように，「技術革新と共に生み出されるメディアの，教育利用への可能性を検討することは，教育メディアにおける革新でもあり，不可能な学習を可能にする魅力をもっている。(中略) しかし，教育あるいは教育情報がもっとも伝達されやすいメディアを考慮せずに，最新または最頻のメディアを用いることは余り意味をもたない」ことを忘れてはならない。

　永野 (2012) は，「「新技術の教育現場への適用」と「教育現場の改善」を考えたとき，必要な知見や技術は，バランスよく獲得されてきただろうか。コストパフォーマンスの面，実用のための環境（各機器の導入コスト，人員，要求される技術，訓練の方法）の面，といった運用のための知見についてはほとんど蓄積がないのではなかろうか」と実用化のための研究が不足していることを指摘し，「教育工学は，これまで，新しい技術の現場への適用の可能性のみを提言し，実用化における様々な要因を行政レベルの仕事として見放していた部分がある。」と振り返っている。実際，教育実践の場において，ハードウェアの金銭的コストだけが検討され，運用や教材開発等にかかる時間的コストが考慮されないため，低コストで導入されても教師の負担が増大することになり，活用が定着しなかったことは多くある。また，機器のスペックや台数，設置方法が十分検討されないまま ICT 機器が導入されたため，活用が定着せず，授

業改善に充分に寄与できなかった場合もあるだろう。

一方で，新しいメディアやテクノロジーを教育実践の場で活用する試みは，情報のデジタル化が急速に進む社会の変化に対応するためにもますます重要になる。特に，日常生活での携帯端末等によるコミュニケーションや情報活用と教育実践の場でのメディア活用との乖離にどのように対応していくかは，大きな課題である。また，デジタル情報を扱う機会が増えることにより，これまで以上に著作権の尊重等情報倫理，情報モラルへの対応も課題となる。

実用化と関わって，普及という課題もある。教育工学が実践に基づき，実践に寄与する学問であるならば，活用するための負担が大きい，あるいは，特定の教師だけが実践可能な難しいメディアの活用よりも，多くの教師が日々の教育実践をより良いものにすることができるように，日常の実践レベルでの貢献を目指すべきである。教育メディアの問題は身近なものであり，直接的に教育改善に寄与できる可能性があることから，すべての教師，すべての学校への普及という課題は特に重要である。

なお，本章では，教育実践の場，特に初等中等教育における教育メディアの活用のうち，ICT活用に焦点を当て，課題と展望について述べることにする。

## 4.1 実用化に関わる課題

### 4.1.1 実用化に関わる研究

「スクール・ニューディール」構想によって，2009年度補正予算「学校ICT環境整備事業」が実施され，全国の学校を対象に，すべてのテレビをデジタル化することや学校に1台の電子黒板を整備すること，あわせてコンピュータや周辺機器を整備することが目標とされた。教室のテレビは，デジタル化と同時に大型にし，放送番組や映像教材だけでなく，多様なデジタル情報の提示装置としての活用にも対応できるよう考慮された。

その結果，「学校における教育の情報化の実態等に関する調査結果（平成25年3月現在）」（文部科学省 2013a）によると，普通教室への設置率は，デジタルテレビ41.0%，プロジェクタ8.5%，電子黒板5.9%，実物投影機14.8%，コン

ピュータ30.1％となり，日常の授業でICTを活用する環境がやっと整い始めた。しかし，一方で整備が進んでいない地域もあり，地域格差が広がったという見方もできる。

　授業でもっとも活用されているメディアは，未だ黒板や教科書等の印刷メディアであろう。拡大提示のための視聴覚機器は，テクノロジーの進歩によってスライド，OHPからプロジェクタ，デジタルテレビへと変化したものの，それらの活用が日常化しているわけではない。

　例えば，平成25年度全国学力・学習状況調査の「調査対象学年の児童生徒に対して，前年度に，国語（算数・数学）の授業において，普通教室でのインターネットを活用した授業を行いましたか」（学校質問紙，小53，55，中46，48）の結果を見ると，週1回以上という回答は，国語（小学校2.4％，中学校0.7％），算数・数学（小学校2.5％，中学校0.8％）であり，「調査対象学年の児童生徒に対して，前年度に，国語（算数・数学）の授業において，発表や自分の考えを整理する際に，児童生徒がコンピュータを使う学習活動を行いましたか」（学校質問紙，小54，56，中47，49）についても，週1回以上という回答は，国語（小学校1.8％，中学校0.6％），算数・数学（小学校2.2％，中学校1.0％）に過ぎない（文部科学省 2013b）。

　学習指導要領解説（総則）（文部科学省 2008）には，「教師がコンピュータや情報通信ネットワークなどの情報手段や視聴覚教材，教育機器などの教材・教具を適切に活用することが重要である」ことに加え，「校内のICT環境の整備に努め，児童も教師もいつでも使えるようにしておくことが重要である」と示されている。デジタルテレビの導入は，地上デジタル放送への対応と同時に，学習指導において，デジタル情報を拡大提示する機器としての活用を日常的に行うために進められたものである。しかしながら，これまでの視聴覚機器と同様に必要な時に設置して使うという前提で導入され，日常的な活用を考慮した導入，設置が行われなかった可能性がある。

　これらの大規模な情報機器の整備に際して，実用のための環境の在り方や運用のための知見を教育工学が十分に提供してきただろうか。40人近い児童・生徒がいる教室では，50インチの画面上の文字が後方からは見にくかったり，廊

下側に設置すると光が反射して画面が見えにくかったりするなど，機器の規格や設置方法について必要な知見を十分に提供できていなかったのではないだろうか。

例えば，清水，安（1976）らの黒板上の文字の大きさや色に関する検討や，周藤ら（1995）のコンピュータ画面における文字の提示方法に関する検討などのような，学習者にとってわかりやすいか，理解しやすいかどうかといった観点からの検討が事前になされるべきであっただろう。導入後に行われた研究であるが山田ら（2011）の教室内のデジタルテレビの配置に関する検討などは，整備前に行うことで，多くの予算を投じて導入する機器のより妥当な選択や適切な設置に影響を与えることができたであろう。

なお，教室のICT環境整備の在り方については，その後，「教育分野におけるICT利活用推進のための情報通信技術面に関するガイドライン（手引書）」（総務省 2011，2012，2013a，2013b，2014）や「学びのイノベーション事業実証研究報告書」（文部科学省 2014）の，「ICT活用の留意事項」の中で，ICT活用による児童生徒の健康への影響等に関する調査結果が報告され，「学校におけるICT活用に関する留意事項ガイドブック」が公表されている。

拡大提示をより効果的に行う方法に関する知見も重要である。過去には，清水ら（1981）のOHPによる情報提示における指示棒の効果や，要点をOHPで提示し，音読情報を加え，指示棒で指示することの有効性を実証した持田ら（1996）の研究がある。

こうした研究の多くは，対象を含め実際の教室の環境下で行われているわけではなく，限界もあるが，実験環境下における基礎的な研究の成果をもとに，実践を通して検証され，提示機器やデジタル教材等の開発に活かされることが望まれる。

ICT活用を通して，教師が経験的に感じ取っている効果や特性，それらに基づく行動傾向等を裏付ける，あるいは相補する実証的な研究も欠かせない。

例えば，高橋ら（2008）は，小学校教員が効果的と考える普通教室でのICT活用場面を収集し，プロジェクタと実物投影機を用いて，教科書や書籍を映すことがもっと多いことを明らかにしている。渡邊ら（2009）は，同じ教員が同

じ題材で算数科の一斉授業を行い，ICT を活用した授業と活用しなかった授業を比較し，教員による指示・説明の時間，児童の学習活動にかかる時間が短縮し，指導の効率化が図られることを確認した。佐藤ら（2005）は，黒板の利点である受講者の視線集中に着目し，電子化黒板を用い，その効果を確認している。

　教育メディアの活用は，それ単体で行われるのではなく，教室の学習環境の中でいくつかのメディアを組み合わせて行われる。デジタル情報を拡大提示する場合には，授業でもっとも一般的に活用されていた黒板との組み合わせ方について検討する必要があるだろう。

　野中ら（2009）は，日常的に ICT を活用している教員が「板書とプロジェクタによる投影を組み合わせる」，「機器の配置や投影場所等を完全に固定せず，必要に応じて配置の変更ができるように配慮する」ことを重視していることを明らかにしている。さらに，山田ら（2010）は，これらの要件を踏まえた教室環境を小学校内に構築し，活用状況を分析した結果，板書と組み合わせた活用は最初から高い割合で見られ，ICT をよく活用している教員は，より多くプロジェクタ投影画面に書き込み，投影先も授業に合わせて選択していたことを明らかにしている。他にも日常的な活用を意図した新たなテクノロジー導入の研究には，例えば，デジタルペン授業システムの改良に関する三浦ら（2010）の研究等がある。

　教室の ICT 環境の整備や構築，それらを活用した実践に関わる研究成果は，実用化に不可欠であり，広く教育実践の場に供することが求められるだろう。

### 4.1.2　実用化のための条件整備

　ここでは，「英国における学力向上のための ICT 環境整備の分析」（野中ほか 2008）を取り上げ，英国の事例をもとに実用化のための条件整備の在り方について検討したい。[1]

　英国における教室の ICT 環境整備は2000年前半から急速に進んだ。特に教室へのプロジェクタ，電子情報ボード（Interactive White Board, IWB）の設置が顕著である。Becta（British Educational Communication Technology Agency, 2007）

によれば，2007年の段階で，すべての初等学校に平均8.0台，98％の中等学校に平均22.3台が導入されている。2002年には，それぞれ0.7台，3.5台しか導入されていなかったことから，教室のICT環境の変化は，5年程度の間に起きたことになる。

　機器の整備に伴い，授業でのICT活用頻度も急速に増加している。2002年には，授業の半数以上で電子情報ボードを活用している教員は5％程度であったが，2005年には初等学校で69％，中等学校で42％と短期間の間に増加し，さらに2007年には，初等学校で86％，中等学校でも64％となっている。しかもその内の半数は，すべて，あるいはほとんどの授業で活用しているのである。単に教室におけるICT機器の環境整備が進んだだけでなく，実際にそれらの活用が短期間で日常化したのである。

　野中ら（2007）は，2000年から2006年にわたり英国の初等学校，中等学校延べ30校以上を観察し，黒上（1999）の学習環境のリストに従って，什器，教材，資料，指示，掲示，メディア，道具，場，人，時間，カリキュラムの11の視点ごとに日英の教室の特徴を抽出し，違いを分析した。その結果，「教材」，「資料」，「メディア」，「場」，「人」，「カリキュラム」に関して日英の教室環境に顕著な違いが見いだされた。このうち，「メディア」，「人」，「カリキュラム」，「教材」，「資料」では，その違いに授業準備の効率化，教員の負担軽減という共通点が，「場」，「メディア」，「教材」では，従来の指導方法を変えることなく，ICTが活用されているという共通点が見いだされた。

　英国の教室では，天井から吊り下げたプロジェクタと壁面に電子情報ボードを固定する設置方法が広く普及している。教員が機器を移動し，設置，配線を行って利用することはほとんどない。ICT機器は，スイッチ一つで使えるよう，固定して整備することが前提であり，ICT機器の管理も初等学校では外部委託，中等学校では専任技術者の配置が一般的であり，教員がこの業務に関わることもほとんどない。

　ナショナルカリキュラムのどの部分でICTを活用すべきかが明示され，各教科の目標の達成に効果的な教材コンテンツ等をデータベースで容易に探し出すことができるようになっている。また，ビデオクリップ，写真，ソフトウェ

図4-1 英国の小学校の教室

ア,ワークシートに加え,週ごとにコンテンツの更新もある統合デジタルリソースパッケージが導入されている学校も多い。これらも教員のICT活用を効率的に行うための環境整備と考えられる。

「場」,「メディア」,「教材」に共通する日本との相違点は,英国においては一斉指導だけでなく個別指導においてもICTを活用していることにある。まず,英国の教室で顕著なのは,電子情報ボードの前を一斉指導の場,グループ別に配置した机をグループ別,個別指導の場と分けていることである（図4-1）。

多くの授業は一斉指導の後,グループ別指導,個別指導となり,習熟度に応じて,異なるレベルや内容の教材が用いられている。英国における個に応じた学習集団の編成は,伝統的に習熟度別で行われる場合が多く,様々な形態があるが(Ireson et al. 2001),観察を行った多くの学校では,初等学校は学級内教科習熟度別グループ編成が,中等学校はセッティングと呼ばれる教科別の習熟度別クラス編成が実施されていた。

教具やノート型コンピュータも,特定のグループだけで活用されることがあるが,個別指導等におけるICT活用は,英国では従来の指導方法を踏襲した

第4章 教育メディアの活用の課題と展望

表4-1 自己評価フレームワークの8観点と項目作成を担当した機関

| カテゴリー | 項目作成を担当した組織 |
| --- | --- |
| 1 リーダーシップとマネジメント | 国立校長養成カレッジ<br>(NCSL, National College for School Leadership) |
| 2 カリキュラム | 全国教育戦略（National Strategy） |
| 3 学習と指導 | 英国情報教育振興機関<br>(Becta, British Educational Communication Technology Agency) |
| 4 評価 | 資格・カリキュラム開発機関<br>(QCA, Qualifications and Curriculum Authority) |
| 5 職能開発 | 教職員養成・開発機関<br>(TDA, Training and Development Agency for Schools) |
| 6 学習機会の拡大 | 英国情報教育振興機関（Becta） |
| 7 リソース | 英国情報教育振興機関（Becta） |
| 8 生徒の成績への影響 | 教育水準局（OFSTED, Officer for Standards in Education）<br>英国情報教育振興機関（Becta） |

ものであり，教員の意識改革や負担を強いるものではない。

なお，ICTを個別指導の機器として活用する場合には，「人」の違いも影響する。ティーチングアシスタント等が機器の準備や，特定のグループの子どもたちへの指導に対応することで，グループや個別でのコンピュータ活用が可能となっている。

英国における教育の情報化は，2005年に示されたBecta's self-review frameworkの8つの観点（リーダーシップとマネジメント，カリキュラム，学習と指導，評価，職能開発，学習機会の拡大，リソース，生徒の成績への影響）によって学校が自己評価を行いながら進められてきた（表4-1）。この自己評価フレームワークの各観点の項目は，準政府機関であり，情報化の支援・促進を目的としているBectaが関連する各機関，組織と連携して作成しており，教育の情報化に関して，教員養成，教員研修から管理職研修まで，ナショナルカリキュラム，ナショナルストラテジーから評価まで，学校の自己評価から外部評価まで，国レベルで一貫した取り組みがなされ，各組織が協調してICT活用の普及促進に努めてきたことがわかる。

Becta廃止後は，NAACE（National Association of Advisers for Computers in

Education）がこれを引き継ぎ，6観点に変更，項目の改訂が行われている（NAACE 2014）。この学校の自己評価フレームワークは，学校のICT活用の成熟度を判定するための指標であり，その学校の得意分野，改善すべき分野，それらへの対処法について分析できるようにオンラインツールが用意されている。各カテゴリーについてICTの有効活用度の国家基準が示されており，全ての面で必要なレベルに到達した学校は，希望に応じてICT Mark認定のための申請を行い，外部評価を受けることができる。これによって，学校全体で優れたICT活用が行われ，学校改善に寄与していることが認定されるのである。

　この基準の設定は，それまでのICT活用普及政策による成果がベースになっており，ここで取り上げられた6観点は，すなわち英国の条件整備の重点となっていると考えられ，これらを総合すると学校におけるICT活用状況の全体像が把握できるようになっている。

　観点1の「リーダーシップとマネジメント」は，「ICTと学校のビジョン」「ビジョン達成のためのストラテジー」「戦略的なデータ活用」の3つの下位項目で構成されている。ICT活用が，学校経営の重要な要素であると考えられており，ビジョンの構築とそれに基づいたICT活用の普及は，校長や副校長，校長補佐等のシニアリーダーシップチームの役割となっている。

　具体的なICT活用に関しては，観点2の「カリキュラムにおけるICT活用」と観点3の「指導と学習」に項目が分けられている。前者は，「ICT活用の戦略的アプローチ」「カリキュラムシーダーシップ」の二つの下位項目からなり，主にICT活用能力の育成に重点が置かれている。独立した教科「ICT」だけでなく，他の教科のカリキュラムにおいてもこの視点を組み込むことが求められている。また，生徒が様々な教科の学習活動において，ICT活用能力を応用し，幅広くICTを活用できるようにすることも含んでいる。後者は，「指導と学習のプロセス」「児童生徒の学習経験」が下位項目となっており，教師や生徒が教室で具体的にどのようにICTを活用しているかが評価の対象となっている。この二つのカテゴリーでは，ICTコーディネータと，全ての教科主任が一貫してICTの活用をカリキュラムに埋め込み，校内での普及を推進しているかが問われる。

観点4の「ICT活用能力の評価」は，ICTを活用する能力を評価する方法，学校が評価プロセスにICTを有効活用しているかどうかが，評価の対象である。なお，以前はこの中にICT活用による学力向上という観点も含まれていた。

観点5の「職能開発」は，教員の「ICT活用能力の開発」に関して，校内研修が個々の職員のニーズと学校全体のニーズに基づいて，計画的に取り組まれているかが評価される。特に，学校のICT活用計画と明確に関連づけられていることが重要である。

観点6の「リソース」は，「設備」と「リソースのマネジメント」が下位項目となっており，校舎，教室等の学習環境を含むハードウェアやネットワーク設備，教育用ソフトウェアやデジタルコンテンツのすべてを含む，学校のICTリソースの提供・管理・支援の状況が評価される。

初期の段階で観点として設定されていた二つの観点のうち，ICTを用いた学習機会の学校外への拡大，すなわち家庭等，校外からの生徒のe-Leaningシステムへのアクセスや，保護者や家族のICT活用などを含む「学習機会の拡大」は，観点3の「指導と学習」に統合され，「生徒の成績への影響」は観点4の「ICT活用能力の評価」に内包されている。

英国において，ICTの導入から普及，定着に至る1998年から2007年までに実施された教育の情報化に関する主な施策をリストアップし，自己評価フレームワークの6つの観点と対応させて整理した（図4-2）。

1998年から2002年までの取り組みは，教育用デジタルコンテンツの収集・開発，教員研修が中心であり，もっとも大きな変化は，2000年のナショナルカリキュラム改訂時に教科ICTが必修化されたことである。つまり，「カリキュラムにおけるICT活用」，「職能開発」，「リソース」に重点が置かれていたと考えられる。

1999～2003年に実施されたNOF（New Opportunity Fund）プログラムは，40万人以上の教員と学校司書を対象としたICT教育に関する研修で，約2億3千万ポンドが投じられた大規模なものである。このプログラムの特色は，約50の企業，大学等がe-ラーニングを中心とプログラムを提供し，学校はそれら

|  | 1998 | 1999 | 2000 | 2001 | 2002 | 2003 | 2004 | 2005 | 2006 | 2007 |
|---|---|---|---|---|---|---|---|---|---|---|
| 1. リーダシップと<br>マネジメント<br>5. 職能開発 |  | 40万人以上の教員等を対象としたICT教育に関するe-Leaningを中心とした研修<br>(NOFプログラム) |  |  |  | 管理職向け戦略的ICT研修（SLICTプログラム）の実施 |  |  |  |  |
| 6. リソース |  | 教育用デジタルコンテンツの収集・開発（NGFL) |  |  |  |  |  | ナショナルカリキュラムに対応したコンテンツのデータベース<br>(Curriculum Online) |  |  |
| 2. カリキュラムにおけるICT活用<br>3. 指導と学習 |  |  | 教科ICTを必修化 |  |  | 標準指導計画<br>(Scheme of Work)<br>の策定 |  | 各教科のICT活用必須場面を定める<br>(Statutory Requirement) |  |  |
| 4. ICT活用能力の評価 |  | ICT活用による学力向上の成果を明らかにした研究プロジェクト（Impact2) |  |  |  | 社会的に恵まれない地域においてICT活用が学力向上に寄与することを明らかにしたTest Bedプロジェクト |  |  |  |  |

図4-2 英国における教育の情報化に関する主な施策

の中から選択して取り組むというスタイルをとっている。研修の内容は，授業におけるICT活用と教科ICTの指導方法が中心であった。2003年にはすべての校種で8割以上の教員がICT活用に自信をもつという成果をもたらしたが，ICT教育に関する知識やスキルが乏しい教員に対してICTを活用した研修を行うことの問題点も指摘された（Becta 2006)。この他，1999年から教員養成カリキュラムや教員資格にもICT活用指導力の育成が反映されており，現在もICT活用のスキルは英語や数学の基本的なスキルと同様に教師に求められるもっとも基本的なものとして位置づけられている。

一方，同時期に取り組まれていたのは，ICTの活用が学力の向上に寄与することを明らかにするための大規模な研究プロジェクトImpact2 (Comber et al., 2002, Harrison et al. 2002, Somekh et al. 2002)である。Bectaが中心となって行われたこのプロジェクトの成果は，その後の施策の裏付けとして活用されている。Impact2によって，管理職の管理能力の高さが学校のICT環境整備やICT活用による学力向上に影響することが明らかにされ，管理職研修と学校の情報環境整備に重点が置かれるようになった．すなわち，「評価」をベースとした「リーダーシップとマネジメント」，「リソース」の充実が図られていったのである。

2003年に始まった管理職向けの ICT 研修，SLICT （Strategic Leadership for ICT）プログラムは，学校全体で ICT を活用することによって教育改善を実現するためのビジョンと戦略について学ぶ場として機能した。学力向上には，校長をはじめとする管理職のリーダーシップが不可欠であることを，ICT を積極的に活用した学校への訪問，校長へのインタビュー，評価，ディスカッションなどを通して理解させ，マネジメント能力を高めたのである。この SLICT プログラムは，特に2005年以降，自己評価フレームワークの導入と併せてさらに重点が置かれ，全校長の約40％に当たる約1万人の管理職が受講した。このプログラムは2007年度で終了したが，中等学校の校舎建て替えを契機に，学校全体の ICT 環境整備と ICT 活用について見直し，戦略的なビジョンをもって情報化を進めるための教育委員会と学校の管理職向けプログラム Building Schools for the Future（BSF）が新たにスタートしている。

なお，マネジメントに関しては，学籍情報，学習履歴や評価情報を効率的に蓄積し，一人ひとりの学習状況に応じた個別指導を円滑に行うための校務情報処理システムの開発が，1980年代から進められ，現在は，School Information Management System（SIMS）という製品となって学校に広く普及している。

2003年以降のもう一つの変化は，学校の ICT 環境整備が予算の増加という裏付けにより，急速に進んだことである。ネットワークの整備は，2002年にすべての学校が終えており，ハードウェアとソフトウェアの整備が進められていった。特に電子情報ボードの普及が顕著であり，2002年から2005年までは1校当たりの導入台数が年々倍増している。これと連動して，2002年から e-ラーニング・クレジットという教育用ソフトウェアや Web 上のコンテンツを購入するための補助金が学校に分配されるようになったことで，教育用コンテンツの整備も同時に進んでいったのである。さらに2005年から公開された Curriculum Online は，ナショナルカリキュラムの目標，内容に対応したコンテンツをデータベース化し，各学校が教育用コンテンツの整備を効率的に行えるようにした。

カリキュラムに関してもてこ入れがなされている．必修化された教科 ICT

の実践をさらに定着させるために2003年に具体的な指導計画（教材やワークシート等を含む）を国が示し，学習内容を標準化し，全国的に一定レベルの学習が行われることを担保している。また，2006年には，各教科において，ナショナルカリキュラムのレベルで ICT を活用する，あるいは教科 ICT の内容と関連させて指導しなければならない部分を明確に位置づけている。なお，英国のナショナルカリキュラムは，2013年に改訂され，2014年9月より全面実施される。ICT という教科は，プログラミングを含むコンピュータサイエンスを主として学ぶ，Computing という科目に移行している。

　これらは，自己評価フレームワークの「カリキュラムにおける ICT 活用」，「指導と学習」に関連する内容であり，「リソース」の充実と連動させて，条件整備を図っていることがわかる。「評価」については，自己評価フレームワークの導入が関連するが，学校マネジメントシステムの導入等にも関連しており，表には記載していないが，情報化施策の中に組み込まれていると考えられる。

　Impact2 の成果を踏まえ，さらに規模を拡大して行われた Test Bed プロジェクト (Somekh et al. 2006) も2003年にスタートしている。Test Bed プロジェクトでは，経済的に恵まれない地域における ICT 環境の整備と積極的な活用が学力向上に寄与することが明らかにされている。この研究成果には，「評価」に関連した学校と家庭での学習をつなぐ (home school link)，e-ラーニングの効果も含まれている。これは，2005年に発表された政府の ICT 戦略 (DfES 2005) に基づいたものであり，特に中等学校を中心に，e-ラーニング用の教材パッケージが導入されつつある。

　このように，当時の自己評価フレームワークの8つの観点に関して目標を示すだけでなく，その実現のために国が中心となって条件整備を進めていることがわかる。

　学校の独立性が高い英国において，情報化推進のキーパーソンは，校長をはじめとしたシニアリーダーシップチームであることを確認すると，この層の意識改革に着手し，彼らに校内での普及を任せることにした。一方で，すべての教員に ICT 活用による負担感を感じさせないよう様々な手だてを講じたのである。政策レベルで方向性は示すが，開発等に関しては企業等に委ねる部分が

残されており，良質な教育用のハードウェア，ソフトウェアが供給され，それらを学校が選択して導入することによって，さらに学校の教育改善が進められるという良い循環が実現していることにも言及しておきたい。

　学力向上にICT活用が寄与することを検証し，学力向上の実現のために様々な側面からICT環境の整備を進めてきた英国の取り組みについて分析した。その結果，英国におけるICT活用の普及の背景には，自己評価フレームワークという明確な目標に向けて，ICT機器等の整備とあわせ，関係する組織が連携して行う国レベルの条件整備があることが明らかとなった。これらを主導してきたのは，Bectaであり，効果的なICT活用に至るまでの過程で，パフォーマンスの低下を最小限にするために国レベルで実施可能な条件整備を徹底して行ってきた。さらに，施策の遂行と同時に実証的な研究プロジェクトを推進し，次の施策立案の根拠を明らかにしている。ICT環境整備の重要性とともに，教育の情報化を総合的に推進するためには，Bectaのような研究機関の存在が重要なのである。

　教育の情報化先進国といわれている韓国，シンガポールにおいても，英国と同様に国レベルでの長期的な戦略，条件整備によって進められてきた。日本では，日本教育工学協会（JAET）が，文部科学省の委託を受け「学校におけるICT活用のための管理職研修プログラム」[2]を開発し，このプログラムが教員研修センターの「学校教育の情報化指導者養成研修」[3]に活かされている。こうした，教育の情報化を戦略的に進めることができる人材育成を通じて，条件整備の重要性が浸透してきている。

　このように，実用化に向けての条件整備は，政策レベルで行われる必要があるが，その根拠となる知見や，実用化に向けての開発研究に教育工学のさらなる貢献が求められるだろう。

## 4.2　普　　及

### 4.2.1　普及過程のモデル

　諸外国では，教育の情報化を普及過程モデルに基づいて進めている場合があ

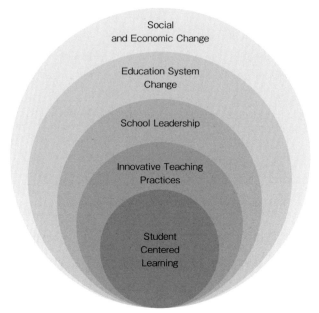

図4-3 OECDのモデル　Educational transformation model

る。例えば，英国ではBectaがいくつかのモデルを参考にして情報化モデルをつくり，それに基づき様々な施策を行ってきた。一方，日本ではこれに類するモデルは提案されていない。

　OECD (2010) は，教育変革モデルを社会や経済の変化から，教育システムの変化，学校リーダーシップ，イノベーティブな指導，生徒中心の学習という構造で図4-3のように表している。確かに，学校の変革は，社会の変化によって，求められる教育が異なること，管理職等のリーダーシップの重要性は理解できる。しかし，イノベーティブな指導が生じるプロセスはもっと複雑であり，必ずしも生徒中心の学習という方向性だけとは限らないだろう。

　教育の情報化ビジョン（文部科学省 2011a）でも，「なお，授業において黒板等を使った指導も効果をあげているところであり，従来の指導の在り方を基盤としつつ，これに加えて情報通信技術を効果的に活用して，「21世紀にふさわしい学びと学校の創造」の実現に向けて，指導方法を発展・改善していくことが求められる。情報通信技術は重要な技術であるが，あくまでもツールであり，

その活用に当たっては，学校種，発達の段階，教科，具体的な活用目的や場等に十分留意しつつ，学びの充実に資するものでなければならない。」と書かれている。

教室でのICT活用の普及過程についてHooper & Rieber（1995）は，教室への教育的テクノロジー採用のモデルを提示している。このモデルでは，教員の教育的テクノロジーの採用過程を以下の5段階で示している（図4-4）。

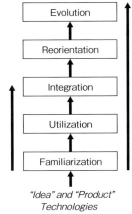

図4-4 教室への教育的テクノロジー採用のモデル

出典：Hooper & Rieber (1995).

第一段階　慣れ親しむ（Familiarization）
テクノロジーが提示され，経験にすることによって関心をもつ段階。

第二段階　利用（Utilization）
教員が教室でテクノロジーやイノベーションを試用する段階。

第三段階　統合（Integration）
ICT機器が既存の教室環境に埋め込まれ，「統合」され，印刷メディアや黒板と並び日常的な授業での活用が定着する段階。

第四段階　新しい方向づけ（Reorientation）
教員が，教室の目的と機能を再考して，再概念化する段階。教員の役割は，学習者自身が知識を構成し，形成していくように，支援し，促進する学習環境を確立することである。

第五段階　発展（Evolution）
最終段階は，教育システムが進化し続け，効果的であり続ける発展の段階である。教室の学習環境は，新たな学びに関する知見による挑戦と可能性を求めて，絶えず変容する。

一方，UNESCO（2010）のモデルは，以下の4段階で構成されている（図4-5）。

第一段階　導入（Emerging）

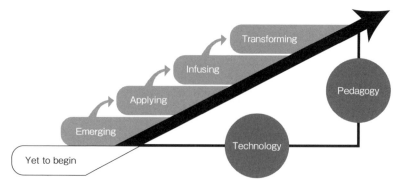

*Source*: Based on Anderson and van Weert (2002) and Majumdar (2005).

図 4-5　ICT 採用，活用モデル

出典：UNESCO (2010).

ICT が教室に導入され，様々に利用することを通して，指導における活用の可能性に気づく段階。

第二段階　適用 (Applying)

　教室に ICT 機器が整備され，国の情報化ビジョンに基づき様々な活用が試行される段階。

第三段階　統合 (Infusing)

　すべての教室の ICT 環境が整備され，カリキュラム全体に ICT 活用が埋め込まれている段階。

第四段階　転換 (Transforming)

　授業が学習者主導となり，学習者が ICT を支援ツールとしてすべての教室で活用する段階。

　二つのモデルは，段階の数や分け方は異なるが，ICT が従来型の授業に統合されるまでの段階と，教師主導から学習者主導による授業への転換が生じる段階に大きく分けられている。前者においては，新しい方向づけの第四段階が，後者では，統合から転換の第三段階から第四段階の過程が，その分岐点になっている。

　諸外国では，何年もかけて様々な条件整備を行いながら統合の段階まで進んで来た。しかしながら，日本では，この段階までの支援や条件整備が不十分で

あり，未だ統合の段階に至っている学校はほとんどない状況にある。したがって，統合から発展，転換へと至るステップへと進めることは一層の困難が予想される。

　Law ら（2008）は，数学と理科の教師を対象に，ICT を利用した授業実践の指向性について 22 の国，地域の調査結果を比較している。全体的には「伝統的に重要な活動」への指向性が高くなっているが，総合的な実践の指向性と比較すると ICT 利用実践においては，協同的，探究的な学習活動を指向する「生涯学習」，外の仲間や専門家と学ぶ「連携」といった，「21世紀の方向付け」への指向性が高い傾向が見られた。しかしながら，日本では，ICT 利用の指向性そのものが低く，「21世紀の方向付け」すなわち学習者主導への授業への転換への指向性も低い。つまり，日本の ICT 活用に対する意識は，他国と異なるのである。したがって，日本の実情にあった情報化の普及モデルを検討する必要がある。

### 4.2.2　日本型モデルの検討

　英国等の教育の情報化先進国は，ICT 環境整備から何年もかけて様々な条件整備を行いながら ICT 活用の普及を図ってきた。教育の情報化が浸透しておらず，地域格差が大きい日本においては，諸外国のモデルをそのまま当てはめて進めるのは難しい。確実な普及定着を図るためには，ICT 活用を従来型の授業スタイルに埋め込み，統合する段階までの過程を重視する必要がある。また，ICT 活用，学習者主導への転換の指向性も低いことから，授業スタイルを変えるイノベーションの導入プロセスについては，その実現性や持続可能性を考慮して，どのように定着を図るかを検討することが重要であろう。

　図 4 - 6 は，学校における ICT 機器の導入から ICT 活用の普及に至るまでのプロセスに関わっている実践研究者が，日英の学校の情報化の進展状況を比較して，モデル化を試みたものである。[4]

　ICT の導入，ICT 活用の定着，授業への統合までの段階は，従来のモデルとほぼ同様であり，自分の授業スタイルに合わせた ICT 活用を行う「モデフィケーション過程」とし，ICT 活用が授業に統合された後，さらに新しい

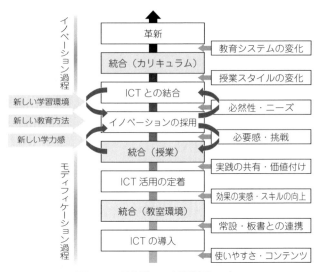

図4-6　日本型ICT活用普及モデル

学力観，新しい教育方法，新しい学習環境の導入が検討され，イノベーションが生じ，学校全体のイノベーションが実現する革新の段階に至る「イノベーション過程」の二つの段階を設定した。そして，それぞれの段階で次のステップに移行するために必要な要件も図に盛り込んだ。

なお，開発したモデルに基づき，5人の研究者が2年程度継続して関わった40校（小学校31校，中学校9校）の普及過程を分析して検証した。その結果，概ねモデルに合致した進展が見られ，多くの学校が授業への統合段階に至っており，イノベーションの採用が一部の学校で生じていた。ただし，小中学校における相違や，イノベーションの採用がICTと結合していないケースも見られた。また，情報教育のカリキュラム開発に取り組んでいる学校等では，一部ステップが異なる可能性があることも明らかになっている（野中ほか 2013a）。

① 「ICTの導入」の段階

ICT機器の導入は，多くの場合，学校単位ではなく，教育委員会によって県や市町村ごとに一斉に行われる。スクール・ニューディール政策による普通教室へのデジタルテレビを中心とした導入が，その最たるものである。パソコ

ン教室中心の整備から普通教室への整備に変わったことで，すべての教員がICT機器を活用する可能性は高まったが，導入の仕方によっては，この段階に留まってしまう場合もある。

　ICTの導入のポイントは，二つある。一つは，操作が容易な使いやすい機器を導入すること，もう一つはコンテンツとセットで導入することである。

　使いやすい機器というのは，操作が簡単であることに加え，設置のための配線や調整等も簡単で，教師が使いたいときにすぐに使えるものを指す。例えば，デジタルテレビと実物投影機を組み合わせて導入することである。実物投影機は，提示機器であるが，教科書でもノートでもワークシートでも置くだけで提示コンテンツとなる。導入当初に活用のハードルを低くするにはもっとも相応しいコンテンツである。デジタルコンテンツを提示するためには，コンピュータが必要となる。インターネット上のコンテンツであれば，加えてネットワークへの接続も行わなければならない。活用のために必要なステップが増えるだけで活用頻度は低下する可能性がある。

　提示する教材（コンテンツ）の自作や適切な教材をインターネットから検索することが前提となると，日常的な活用にはつながらない。現時点では，指導者用デジタル教科書をベースに，自作教材やインターネット上の教材を組み合わせて活用することが基本であろう。したがって，提示機器と実物投影機に加え，コンピュータを接続した状態で設置するケースが増えている。また，コンテンツを投影する場所についても，あまり検討されてこなかったが，超単焦点プロジェクタの登場により，黒板エリア内への投影が一般的になりつつある。

　諸外国の導入事例を見れば常設やコンテンツとセットにした導入は当然と考えられるが，残念ながら日本ではこれらのことが常識となっておらず，教師の手間や努力によって乗り越えることが求められていた。スクール・ニューディール後の導入では，こうした点は配慮されるようになってきたが，以前はまったく考慮されていなかったのである。こうした教室のICT環境整備の研究は，今後もテクノロジーの進歩に合わせて行う必要がある。

② 教室環境への統合

　日常的な活用のためには，ICT機器を教室に常設することが重要である。常設とは，学校や学年で数台の機器を共有し，必要に応じて移動して使うのではなく，常に教室に設置してある状態のことであるが，さらにスイッチを入れるだけですぐに使えるように適切な位置に設置され，配線済みであることが望ましい。活用するための手間は，活用頻度を下げることになる。

　導入時の試行から日常的な活用へと至る過程では，授業者がICT活用の効果や意義を自覚し，スムーズな活用のための配置，配線等を工夫すると同時に，操作スキルを向上させることが必要となる。教室内のICT機器は，活用頻度の上昇と相まって，より適切な設置場所，配置（配線）に変更され，さらに手間の解消が図られる。ICT機器の操作スキルの向上も相まって，効率的なICT活用が結果的に授業の効率化につながるようになる。教室のICT機器が，教室環境に溶け込み，効率化を実現することで，日常的なICT活用が持続するかどうかが決まる。

　この段階では，既存のメディアと適切に組み合わせ，必要な機能のみ使うようになる。多くの場合，板書との組み合わせ方に留意するようになり，一般的には，児童生徒がノートに書き写す内容は黒板に，説明等のために一定時間のみ拡大して提示するものは投影するといった使い分けがなされるようになる。

② ICT活用の定着の段階

　試行錯誤しながらICTを活用する導入時には，操作への戸惑いや機器のトラブル等により，授業がスムーズに進行しないこともある。そもそも，ICTを活用することへの抵抗感が強い場合もある。

　この段階で重要なことは，教師がICT活用の効果を，主に学習者の学習態度の変容から実感できるかどうかである。

　中尾ら（2011）は，ほぼ全ての普通教室にデジタルテレビを整備した2自治体から抽出した小学校の教員を対象に，「ICTの活用頻度」と「ICT活用に関する意識」についての質問紙調査を実施した。その結果，デジタルテレビ，実物投影機それぞれの活用頻度が高い教員は，低い教員に比べて，デジタルテレ

ビを活用して「児童の集中力が高まる」「児童の学習意欲が高まる」「児童にとってわかりやすくなる」といった拡大提示による効果を感じている割合が高いことが明らかになっている。

この段階に至るプロセスでは，ICT 機器の設置の工夫や ICT 活用の工夫等に関わる情報交換や，操作スキルの向上等に関わる校内研修が有効に機能する。

導入された ICT 機器を使ってみる段階から，日常的な活用に定着するまでのプロセスは，研究の対象となることは少ない。むしろ，実践レベルでは，導入されてしまった ICT 機器をどのように活用するか，という難題に取り組まなければならない現実がある。学校における導入から活用の実践研究は，論文としてはまとめられていないものの，多くの教育工学（実践）研究者の知見として積み上げられている。例えば，パナソニック教育財団の特別研究指定校の取り組みの足跡が挙げられる[5]。

③ 授業への統合の段階

この段階に至るプロセスでは，ICT を活用した授業実践を共有し，ICT 活用の意図とその効果，授業を構成する他の要素との関連についてその意味付け，価値付けを検討し，共通理解する場としての授業研究が有効に機能する。日常的に活用するようになると，自分自身の活用を振り返り，より良い活用方法や活用場面の拡大，活用の工夫などに目を向けられるようになるからである。また，意見交換や共有の場は，すべての教師を巻き込み，全校的な取り組みとするためにも有効である。

ICT 活用が日常の授業の構成要素になり，ICT 活用が当たり前になるのである。計画的な活用に加え，臨機応変な活用，児童生徒の要望による活用が行われ，教師の提示のみならず，児童生徒による拡大提示や説明が行われることも増える。

教師の提示情報や，児童生徒の発表場面の増加といった小さな変化は見られるかもしれないが，授業スタイルは大きくは変わらない。また，授業改善が実現するかどうかは，教師の授業力量との兼ね合いである。

統合の段階に至るプロセスで，ICT 活用による新たな授業スタイル，学習

スタイルを実現しようとすることは，避けるべきである。なぜならば，授業の構成が変化し，授業を成立させるための条件や，場合によっては新たなICT機器の導入といった要素が加わることになるからである。

　ICT活用によるコンテンツの課題提示が日常の授業の構成要素として加わり，授業スタイルに溶け込むまでには相当な時間が必要である。先に述べたように，教育の情報化先進国においても，普及には10年近くかかっている。そして，多くの場合，ICT活用の普及，定着が実現しても，授業スタイルは変容していないのである。

④ イノベーションの採用とICTとの結合

　ICTを導入することによって，授業改善を超え，授業の変革，いわゆる「イノベーション」が期待されていることも事実である。Rogers（2003）によれば，イノベーションとは，「個人あるいは他の採用単位によって新しいと知覚されたアイディア，習慣，あるいは対象物である。」，普及とは，「イノベーションが，あるコミュニケーション・チャンネルを通じて，時間の経過の中で社会システムの成員の間に伝達される過程のことである。」個人レベルでのイノベーションの採用は，少なからず生じているが，学校全体への普及ということになると，日本ではまだ少ない。

　普及という観点からすれば，統合までの段階を迅速に進めることが急務であることは間違いないが，このプロセスにおいて，小さな「イノベーション」が生じる可能性も否定できない。そこで，日常的な授業スタイル（多くは一斉授業）にICT活用を一旦，統合した後に，「イノベーションの採用」の段階を設定した。

　堀田ら（2008）は，「今後，実践化が期待されるもの，換言すれば，現状では必ずしも普及しているとは言えないものは，各領域の高次な学力の形成に資するICT活用であろう。」と指摘し，「いわゆる問題解決的な学習過程にICT活用を位置付けることになる。それは，例えば，体験や他の情報手段の活用とICT活用を組み合わせることを旨とするので，授業のデザインが複雑になり，そのコーディネーションにいっそうの工夫が必要とされる。それは，このよう

なタイプの取り組みが教員の授業力量の充実を伴わねば実現しがたいことを意味する。」，「さらに，このタイプの ICT 活用は，児童生徒が活用主体となることから，教室に 1 台しか設置されていない状態では成立しがたい。つまり，ICT 環境の整備の進展と軌を一にすることになろう。」と述べている。

　例えば，新しい学力観として思考力，判断力等の高次の学力の育成に重点を置く，新しい教育方法として，問題解決的な学習過程を重視する，新しい学習環境として学習者用情報端末を導入する等の要請に応えるためには，「授業のデザインが複雑になり，そのコーディネーションにいっそうの工夫が必要とされ」，「教員の授業力量の充実を伴わねば実現しがたい」というかなり高いハードルを越えることになる。さらに，授業レベルでの統合に加え，カリキュラム（教育課程）のレベルでも統合されないと，定着が難しいと考えられる。

　野中（2013b）は，フューチャースクールである附属横浜中学校での取り組みを次のように分析している。

　何年もの研究の積み重ねにより，総合的な学習の時間だけでなく，各教科においても当たり前のように言語活動の充実が図られ，生徒の言語を通した学習活動から「思考力・判断力・表現力等」の育成が効果的に行われている。その上で，ICT の活用を行おうとしているのである。ICT を活用することによって，言語活動の充実を図っているわけではない。

　この流れはかなり重要だと考える。ICT の活用によって，記録，要約，説明，論述，討論，発表といった言語活動の質を高めるには，デジタル情報の扱いという，乗り越えなければならない壁が存在するからである。言語活動の充実を図るために ICT を活用する場合には，この壁を乗り越えるための工夫や配慮が不可欠である。どの教室においても，電子黒板等による情報提示が負担や手間なくできるようすることで，まず，教師が学習に必要な情報を拡大提示してわかりやすく説明し，より効率的に一斉指導を行う。その結果，互いの考えを伝え合い，自らの考えや集団の考えを発展させるといった集団思考の時間の確保が可能となる。普通教室に，実物投影機と電子黒板がセットで設置されたことによって，教師が様々な情報を拡大提示しながら説明するだけでなく，生徒がノートやワークシートを提示しながら発表（プレゼンテーション）する

こ␣とも容易になった。二人一組や少人数のグループでの表現，説明，討論，発表等の活動も，当然のことながら多く行われてきた。ワークシートやホワイトボードに要点や説明に必要な図表等を書き，それらを提示しながら発表し合う活動が日常的に行われているのである。その上で，一人1台のタブレットPCを活用する試みが行われ始めたのである。PC上でワークシートに記入したものを提示したり，短時間でスライドを作成したりして，それらを提示しながら，発表するのである。

　1人1台の情報端末をいきなり導入しても，統合までの段階に至っていない場合には，従来の授業スタイルが変わらないまま活用することになる。最初から，授業スタイルを変えるICT活用は難しく，定着しにくい。学習活動の多様化の中で，ICT活用を試みる場合，授業スタイルの変容も同時に生じることになるが，すべての授業がそうなるわけではなく，日常の授業の中で新しい授業や新たな学習活動の割合が変化する程度である。統合されなければ継続することはなく，日常の授業への定着は生じないのである。

　Rogers（2003）は，「イノベーションの採用そして導入段階において，利用者によって変更あるいは修正される度合い」を再発明とし，再発明の度合いが強まると，イノベーションの採用速度が早くなり，イノベーションの持続可能性の度合いが高まると述べている。日本の学校においては，この再発明のプロセスは，授業研究によって生じ，革命的な変化ではなく，伝統的な授業が新しい要素の影響を受けながら小さなイノベーションとして採用されると考えている。さらに，ICTとの結合が加わるため，授業への統合，イノベーションの採用の段階との間で，行きつ戻りつしながらイノベーションそのものも授業もICT活用も繰り返し変化しながら，授業への再統合が図られるのである。

　このプロセスは，ICTの導入から統合までの過程よりもさらに時間が必要であり，メンバーの入れ替わりが激しい日本の学校においては，容易には生じない変容過程であろう。そして，この段階における，イノベーションを促進する授業研究の在り方については，今後，さらに研究すべきテーマであろう。

⑤ カリキュラムへの統合と変革の段階

この段階が本当のイノベーションの段階であるかもしれない。また，日本の多くの公立学校がこの段階に到達するとしたら，それには，OECDのモデル（図4-3）におけるもっとも外側の社会の変化からの学校教育へのかなり強烈な圧力がかかるか，学校，教員養成等の制度に大きな変化が生じる必要があるだろう。いずれにしても，相当な年月が必要となることは想像に難くない。

ICT活用の授業レベルでの統合，イノベーションの採用，ICTの結合のプロセスで，再発明が繰り返されることによって，授業スタイル，あるいは学習活動の割合に変化が生じる。生じた変化はカリキュラムに反映され，統合される。そして，おそらく新たなカリキュラムが持続するためには，学校システム全体の見直しをすることになるだろう。

その推進には管理職の強いリーダーシップが求められる。先に述べた「学校におけるICT活用のための管理職研修プログラム」や「学校教育の情報化指導者養成研修」に加え，「学校情報化診断システム」（野中ほか 2011）のような学校の情報化の進展状況を把握するためのツールが必要となるだろう。

このように，普及モデルを検討することで，教育メディアの開発，活用，定着等の研究がどの部分に寄与できるのか，教育実践の場が必要とする知見はどの段階のものか，など，実践に貢献する研究のターゲットを明確にすることができるだろう。

## 4.3 展　　望

### 4.3.1 教育メディア活用を取り巻く社会の変化への対応

児童・生徒が生活の中で接しているメディア，特に携帯電話やインターネットの活用実態と学校での活用の間には大きなギャップがある。内閣府（2014）の調査によると，携帯電話・スマートフォンの所有率は小学生36.6%，中学生51.9%，高校生は97.2%である（図4-7）。

携帯電話を所有する青少年のうち，小学生の44.3%，中学生の82.1%，高校生96.7%がインターネットを利用しており，利用内容は，小学生ではメール，

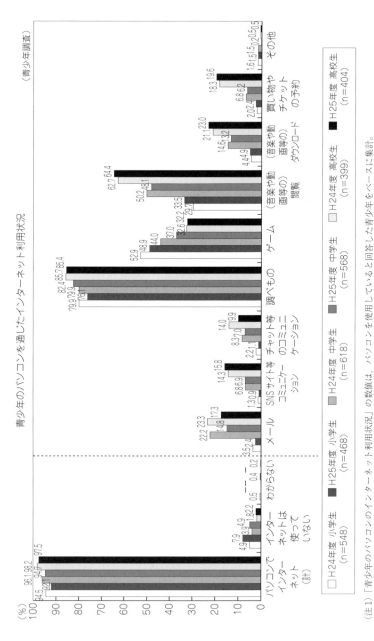

第4章 教育メディアの活用の課題と展望

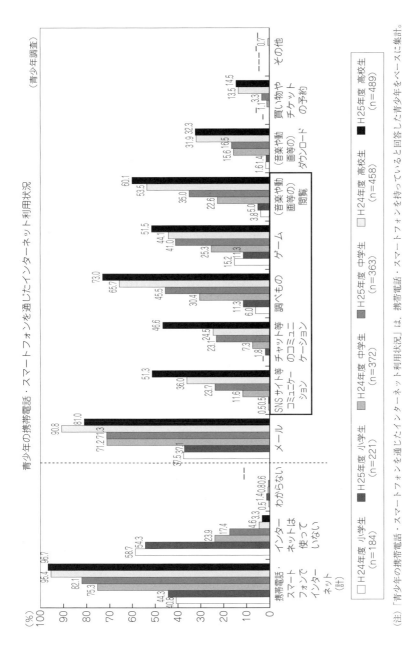

図4-7 平成25年度青少年のインターネット利用環境実態調査

出典：調査結果（速報）（平成26年2月，内閣府）．

ゲーム，中高生ではSNSサイト等コミュニケーション，調べもの，ゲーム及び（音楽や動画等の）閲覧が上位となっている。携帯電話でインターネットを利用している青少年のうち，39.8％が1日2時間以上インターネットを利用し，平均時間は約107.4分である。

さらに，パソコンを使っていると回答した青少年は，小学生では77.5％，中学生では81.3％，高校生では80.3％であり，パソコンを使用する青少年のうち，小学生の92.1％，中学生の94.7％，高校生の97.5％がインターネットを利用している。利用内容は，小学生では調べもの，ゲーム，中高生では，調べもの，（音楽や動画等の）閲覧が上位である。なお，パソコンの利用及びパソコンでのインターネット利用は減少傾向にあるが，青少年の8割以上がゲーム機・タブレット型携帯端末・携帯音楽プレイヤーのいずれかを使用し，これらの機器によるインターネット利用は，ゲーム機では全体の36.7％，特に小学生のインターネット利用が増加し，タブレット型では73.3％，携帯音楽プレイヤーでは29.4％となっており，日常生活におけるインターネット活用は，完全に定着している。

一方，学校でのICT活用，インターネット活用はどうであろうか。先に述べたように，教師の授業でのインターネット活用も，児童の活用についても，ほとんど行われていない（文部科学省 2013b）。

PISA 2009のデジタル読解力におけるICT質問紙調査の結果を見ても（文部科学省 2011b），参加19か国・地域の中で平均得点は上位（4位）にあるものの，普段の1週間のうち，授業でコンピュータを使っている生徒の割合は，国語（日本：1.0％，OECD平均：26.0％），数学（日本：1.3％，OECD平均：15.8％）・理科（日本：1.6％，OECD平均：24.6％）と，いずれももっとも低くなっている。

日本の学校における情報化は，子どもたちの実生活の状況と比較しても，世界的に見ても，立ち後れているのである。機器の操作や情報検索，電子メールでのコミュニケーション等は，実生活の中での経験が先行し，活用に伴って必要となる知識やモラルの教育が学校，家庭で十分に行われているとはいえない状況にある。

清水ら（2006）の調査によると，管理職が教育の情報化の推進にもっとも必要な要因として「著作権や肖像権の教育の必要性」を挙げており，99.8％の管理職が「強く思う」「そう思う」と回答している。
　著作権に関する内容は，現行の学習指導要領においては，情報モラルだけでなく，各教科で繰り返し指導することが求められている（野中 2010，大和ほか 2013）。情報活用能力の育成についても，中学校の技術・家庭科（技術分野）や高等学校の共通教科「情報」において必履修として位置付けられているが，各教科等で ICT を活用することもあわせて行う必要がある。学習指導要領においても各教科等を通じた情報教育の一層の充実が図られており，例えば，小学校段階では，コンピュータや情報通信ネットワークなどの情報手段について「基本的な操作や情報モラルを身に付け」るとともに，「適切に活用できるようにするための学習活動を充実する」とされている。また，中学校段階では，「情報モラルを身に付け」るとともに，「情報手段を適切かつ主体的，積極的に活用できるようにするための学習活動を充実する」とされている。さらに，高等学校段階では，「情報モラルを身に付け」るとともに「情報手段を適切かつ実践的，主体的に活用できるようにするための学習活動を充実する」とされている。
　教育の情報化ビジョン（文部科学省 2011a）においても，文部科学省が作成した「教育の情報化に関する手引」（文部科学省 2010a）において示された，各学校段階において期待される情報活用能力やこれを身に付けさせるための指導事例等について学校現場へ分かりやすい方法で一層の周知を図る」，「教科等における指導内容のうち，どの内容をどのように扱うことが意図的・効果的な情報活用能力の育成につながるのかについて，一層個別具体的に示しつつ周知徹底を図っていく必要がある」といった認識が示されている。学習指導要領の円滑かつ確実な実施に加え，教科指導における ICT 活用，情報教育の双方を子どもたちの実生活の情報活用の実態に合わせたカリキュラムの充実と実践可能なカリキュラムの開発および実践のための条件整備に関わる研究の重要性がますます高まっていくであろう。

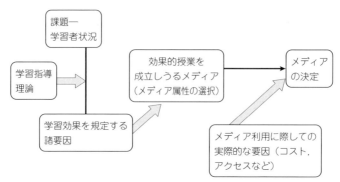

図 4-8 教授メディア選択のモデル
出典：Reiser and Gagne（1983）.

### 4.3.2 実証研究の重要性

鈴木（1985）は，教授メディア選択のモデル（Reiser and Gagne 1983）を紹介し，授業メディア選択に関わる要因が学習効果を規定する要因とコストなどの実際的要因の大きく 2 群に分けられるとしている。特に，学習効果を規定する要因が重視され，まずこれらの要因によってメディアをしぼっていき，しぼられた候補メディアであればどれを利用しても与えられた課題—学習者状況においては理論的に同等の効果が期待できる，としている（図 4-8）。

ICT 活用の効果に関する研究は，ヨーロッパの多くの国々で国家レベルで行われている。例えば，Balanskat ら（2006）は，ヨーロッパ諸国における ICT 活用と学力向上に関する研究をレビューし，英国を中心にデンマーク，ノルウェー，オランダ，エストニアにおける国家レベルの研究を取り上げている。中でも英国における研究成果がもっとも多く，英国の研究成果を中心としたレビューも行われている（Cox et al. 2003a, Condie et al. 2007 等）。

特にナショナルテストの結果から ICT 活用と学力向上に正の相関があることを示した ImpaCT2（Comber et al. 2002, Harrison et al. 2002, Somekh et al. 2002）の研究成果は，日本でも紹介され（例えば，清水 2006），ICT 活用と学力向上の研究に大きな影響を与えている。

堀田ら（2008）は，「ICT 活用と学力の連関に関する研究」，「ICT 活用が学力に及ぼす影響に関する研究」，「ICT 環境の整備と ICT 活用の頻度の関係に

関する調査」を紹介している。

　ICT の活用頻度と学力に関連が見られることは，横浜国立大学が文部科学省より，平成21年度「学力調査を活用した専門的な課題分析に関する調査研究」の委託を受けて行った「教科指導における ICT 活用と学力・学習状況の関係に関する調査研究」でも明らかになっている（文部科学省 2010b）。プロジェクタや実物投影機の活用頻度と「全国学力・学習状況調査」の関連を分析した結果，活用頻度が高いほど国語，算数の平均正答率が高くなっていることが示された。また，活用頻度と整備の関係について，「教室に常備しているが，接続等が必要」，「学年等で共有している機器を教室に運んで利用する」場合と比べて，「教室内に常備しており，接続等が不要」な状態が，活用頻度を上げる条件となっていることも明らかになっている。

　関連して，Cox ら（2003b）は，教師の ICT 活用方法と学習者の学力向上の関係以外の要因として，学習者の年齢や社会的文化的背景，ICT 環境の違いが影響していると指摘している。また，Venezky ら（2002）は，ICT 活用によって効果をあげるためには，「信頼性があり，強力で効率のよい」ICT 環境が整備されていることが重要であり，他の要素が機能できるようになる前に「限界レベル（critical level）」に達している必要があると述べている。同様にBalanskat ら（2006）も，不十分な ICT 環境は教師の効果的な ICT 活用を妨げていると指摘している。

　これらの結果を総合すると，ICT 活用の効果を示すと同時に，その効果が生じるための環境整備の在り方等，実際的な要因についても併せて検討する必要があると結論づけられるだろう。

　2002年から2006年にかけて，当時の英国教育技能省（DfES）は，社会的に不利な3地域の28校を対象に ICT 環境整備の効果を立証するために3400万ポンドを投入し，大規模な ICT Test Bed project を行っている。マンチェスターメトロポリタン大学，ノッティンガムトレント大学等によって詳細に評価，検証が行われた。この最終報告書（Somekh et al. 2006）においても，ナショナルテストの結果の向上，電子情報ボードによる一斉指導の改善，評価情報に基づく学習の個別化の実現等の成果が示されている。この中で，特筆すべき点は，

ICT機器を導入してもすぐに効果は上がらず，教師が必要なスキルを獲得し，ICT活用が教育活動に埋め込まれるまでの過程では，一時的にパフォーマンスの低下が確認されたことである。そのため，学校でのICT環境整備を進めるに当たっては，明確なビジョンが必要であり，長期的な計画に基づく段階的な投資と継続的なサポートが不可欠であると指摘されている。つまり，ICT活用が学力向上に寄与するためには，広範囲にわたるICT環境の整備が重要であり，その効果を生み出すためには，一時的なパフォーマンスの低下を乗り越えるための方策が必要なのである。

　日本におけるICT環境整備は，文部科学省による「学校における教育の情報化の実態等に関する調査結果」等からもわかるように，地域間格差が大きく，調査対象となっているICT機器や校内LAN整備等に限っても不十分である。さらに，導入後のサポートやICT活用のための条件整備はほとんど行われていない状況にある。

　フューチャースクール推進事業（総務省）では，これらに対応するために2010年度から大規模な実証研究によりハードウェアやシステム面での整備に関する検証を行い（総務省，2011，2012，2013a，2013b，2014），2011年度からは，文部科学省が，「学びのイノベーション事業」によって，指導方法やその効果について検証している（文部科学省 2014）。

　こうした，総合的，多面的な実証研究で得られたデータを広く公開し，多様な視点から分析を行うことによって，次の施策に活かすことが求められるだろう。

　メディアやテクノロジーの進歩によって新たな機器が導入されたとしても，視聴覚情報を提示するという点では同じである。視聴覚教育時代の基本的な研究成果が普及しなかったためか，未だに新しいICT機器，新たな機能に振り回されているように思われる。

　例えば，末武（1992）は，視聴覚技術（AV相関），並列比較提示技術（空間相関），シナリオ制作技術（時間相関）の3つを検討することの必要性を述べているが，これらの課題は今も変わらない。また，「教育工学＝教授者の学習者に対する気配りである」ということに関しても，十分な配慮がなされている

かどうか疑問である。

　こうした視聴覚教育時代のシンプルな考え方に立ち戻って考えることが必要なのかもしれない。

注

(1) 「4.1.2　実用化のための条件整備」は，下記の論文の一部に，その後，英国において変化があった部分（主に Becta 廃止によって NAACE に移管された自己評価フレームワーク，Self Review Framework）を加筆，修正したものである。「4.3.2　実証研究の重要性」においても，下記の論文の一部を修正したものが含まれている。
　　野中陽一・堀田龍也／アブリル・ラブレス（2008）「英国における学力向上のためのICT 環境整備の分析」『日本教育工学会論文誌』32(3)：315-322.
(2) 　日本教育工学協会（JAET）「学校における ICT 活用のための管理職研修プログラム」
　　http://jslict.org
(3) 　教員研修センター「学校教育の情報化指導者養成研修」
　　http://www.nctd.go.jp/centre/training/urgency04.html
(4) 　科学研究費（基盤研究（B）（海外学術調査）「日英比較研究に基づく ICT による学校イノベーションモデルの開発」22402002）による。
(5) 　パナソニック教育財団の特別研究指定校の取り組み
　　http://www.pef.or.jp/01_jissen/07_katudou/index.html

**参考文献**

Balanskat, A., Blamire, R., Kefala, S. (2006) The ICT Impact Report: A review of studies of ICT impact on schools in Europe, European Schoolnet.
　http://insight.eun.org/shared/data/pdf/impact_study.pdf
Becta (2006) The Becta Review 2006.
　http://dera.ioe.ac.uk/1427/1/becta_2006_bectareview_report.pdf
Becta (2007) Harnessing Technology schools survey 2007.
　http://dera.ioe.ac.uk/1554/1/becta_2007_htssfindings_report.pdf
Comber, C., Watling, R., Lawson, T., Cavendish, S., McEune, R., Paterson, F. (2002) ImpaCT2: Learning at Home and School- Case Studies Becta/DfES.
　http://dera.ioe.ac.uk/1574/1/becta_2002_ImpaCT2_Strand3_report.pdf
Condie, R., Munro, B., Seagraves, L., Kenesson, S. (2007) The impact of ICT in schools, a landscape review, Becta.
　http://dera.ioe.ac.uk/1627/1/becta_2007_landscapeimpactreview_report.pdf
Cox, M., Abbott, C., Webb, M., Blakeley, B., Beauchamp, T. and Rhodes, V. (2003a) ICT and Attainment: A Review of the Research Literature, ICT in Schools Research and Evaluation Series No.17. Becta/DfES.

https://www.education.gov.uk/publications/eOrderingDownload/ ICT %20and%20attainment.pdf
Cox, M., Abbott, C., Webb, M., Blakeley, B., Beauchamp, T. and Rhodes, V. (2003b) A review of the research literature relating to ICT and attainment. Becta/DfES.
  http://dera.ioe.ac.uk/1600/1/becta_2003_attainmentreview_queensprinter.pdf
DfES (Department of Education and Skills) (2005) *Harnessing Technology: Transforming Learning and Children's Services.*
  http://webarchive.nationalarchives.gov.uk/20130401151715/http://education.gov.uk/publications/eorderingdownload/1296-2005pdf-en-01.pdf
Harrison, C., Comber, C., Fisher, T., Hawe, K., Lewin, C., Lunzer, E., McFarland, A., Mavers, D., Scrimshaw, P., Somekh, B. and Watling, R. (2002) ImpaCT2: The Impact of Information and Communication Technologies on Pupils Learning and Attainment. ICT in Schools Research and Evaluation Series No.7. Becta/DfES.
  http://dera.ioe.ac.uk/1572/1/becta_2002_ImpaCT2_Strand1_report.pdf
Hooper, S., & Rieber, L. P. (1995) Teaching with technology. In A. C. Ornstein (Ed.), *Teaching: Theory into practice*, Needham Heights, MA: Allyn and Bacon, 154-170.
  http://www.nowhereroad.com/twt/
堀田龍也・木原俊行 (2008)「我が国における学力向上を目指したICT活用の現状と課題」『日本教育工学会論文誌』32(3):253-263.
Ireson, J. & Hallam, S. (2001) *Ability Grouping in Education*, Sage: London. (アイルソン／ハラム(著), 杉江修治ほか(訳) (2006)『個に応じた学習集団の編成』ナカニシヤ出版.)
黒上晴夫(編) (1999)『総合的学習をつくる』日本文教出版.
Law, N., Pelgrum, Willem J., Plomp T. (Ed.) (2008) Pedagogy and ICT Use in Schools around the World: Findings from the IEA SITES 2006 Study, Springer.
三浦元喜・杉原太郎・國藤進 (2010)「一般教室での日常的利用を考慮したデジタルペン授業システムの改良」『日本教育工学会論文誌』34(3):279-288.
持田典彦・福添誠一・中山実・清水康敬 (1996)「学習テキストの提示方法に関する実験的研究——要約表示と指示棒による効果を中心として」『日本教育工学会論文誌』19(4):189-196.
文部科学省 (2008) 小学校学習指導要領解説　総則編.
  http://www.mext.go.jp/component/a_menu/education/micro_detail/__icsFiles/afieldfile/2009/06/16/1234931_001.pdf
文部科学省 (2010a) 教育の情報化に関する手引.
  http://www.mext.go.jp/a_menu/shotou/zyouhou/1259413.htm
文部科学省 (2010b)「教科指導におけるICT活用と学力・学習状況の関係に関する調査研究(横浜国立大学)」.
  http://www.mext.go.jp/b_menu/shingi/chousa/shotou/045/shiryo/attach/1302194.htm
文部科学省 (2011a) 教育の情報化ビジョン.

http://www.mext.go.jp/b_menu/houdou/23/04/__icsFiles/afieldfile/2011/04/28/1305484_01_1.pdf
文部科学省（2011b）OECD 生徒の学習到達度調査（PISA 2009）デジタル読解力調査の結果について．
　　　http://www.mext.go.jp/component/a_menu/education/detail/_icsFiles/afieldfile/2011/06/28/1307651_2.pdf
文部科学省（2013a）「平成24年度学校における教育の情報化の実態等に関する調査結果」．
　　　http://www.mext.go.jp/a_menu/shotou/zyouhou/1339524.htm
　　　http://www.e-stat.go.jp/SG1/estat/List.do?bid=000001050381&cycode=0
文部科学省（2013b）「平成25年度　全国学力・学習状況調査　報告書・調査結果資料」．
　　　https://www.nier.go.jp/13chousakekkahoukoku/index.html
文部科学省（2014）学びのイノベーション事業実証研究報告書．
　　　http://www.mext.go.jp/b_menu/shingi/chousa/shougai/030/toushin/1346504.htm
NAACE（2014）Self-review Framework, http://www.naace.co.uk/ictmark/srf
中尾教子・野中陽一・高橋純・堀田龍也（2011）「教員の ICT の活用頻度及び ICT 活用に関する意識の分析」『日本教育工学会研究報告集』JSET11-4, 81-88．
永野和男（2012）「教育の情報化と教育工学」坂元昂・岡本敏雄・永野和男（編著）『教育工学とはどんな学問か』ミネルヴァ書房．
内閣府（2014）平成25年度青少年のインターネット利用環境実態調査調査結果（速報）（平成26年2月）．
　　　http://www8.cao.go.jp/youth/youth-harm/chousa/h25/net-jittai/pdf/kekka.pdf
野中陽一・堀田龍也・Avril M. Loveless（2007）「教室の ICT 環境に関する日英比較」『日本教育工学会研究報告集』JSET07-2：105-112．
野中陽一・堀田龍也・アブリル・ラブレス（2008）「英国における学力向上のための ICT 環境整備の分析」『日本教育工学会論文誌』32(3)：315-322．
野中陽一・石塚丈晴・高橋純・堀田龍也・青木栄太・山田智之（2009）「普通教室で ICT を日常的に活用するための環境構成に関する調査」『日本教育工学会論文誌』33(Suppl.)：129-132．
野中陽一（2010）『教育の情報化と著作権教育』三省堂．
野中陽一・豊田充崇（2011）「情報化の状況を診断し対応策を示す「学校情報診断システム」の開発」『日本教育工学会論文誌』35 (Suppl.)：197-200．
野中陽一・堀田龍也・高橋純・豊田充崇・木原俊行・岸磨貴子（2013a）「教育の情報化の普及過程に関するモデルの開発」『日本教育工学会第29回全国大会論文集』, 447-448．
野中陽一（2013b）「言語活動の充実と ICT」小学館「教育編集部」（編）『電子黒板　まるごと活用術：よくわかる DVD シリーズ』（教育技術ムック），小学館，66-67．
OECD（2010）*Inspired by Technology, Driven by Pedagogy A Systemic Approach to Technology-Based School*, OECD Publishing.
　　　http://www.oecd-ilibrary.org/education/inspired-by-technology-driven-by-pedagogy_9789264094437-en

Reiser, R. A. and Gagne, R. M. (1983) *Selecting Media for Instruction*, Englewood Cliffs, NJ: Educational Technology Publications.

Rogers, E. M. (2003) *Diffusion of Innovations* 5th edition, Free Press, NY.（E. ロジャーズ（著），三藤利雄（訳）（2007）『イノベーションの普及』翔泳社.）

Somekh, B., Lewin, C., Mavers, D., Fisher, T., Harrison, C., Haw, K., Lunzer, E., McFarlane, A. and Scrimshaw, P. (2002) ImpaCT2: Pupils' and Teachers' Perceptions of ICT in the Home, School and Community. ICT in Schools Research and Evaluation Series No. 9, Becta/DfES

http://dera.ioe.ac.uk/1573/1/becta_2022_ImpaCT2_strand2_report.pdf

Somekh, B., Underwood, J., Convery, A., Dillon, G., Harber Stuart, T., Jarvis, J., Lewin, C., Mavers, D., Saxon, D., Twining, P., and Woodrow, D. (2006) Evaluation of the ICT Test Bed Project: Final Report, Becta.

http://dera.ioe.ac.uk/1584/1/becta_2006_icttestbed_annualreport_report.pdf

佐藤弘毅・赤堀侃司（2005）「電子化黒板に共有された情報への視線集中が受講者の存在感および学習の情意面に与える影響」『日本教育工学会論文誌』29(4)：501-513.

清水康敬・安隆模（1976）「板書文字の適切な大きさに関する研究」『日本教育工学雑誌』1(4)：169-176.

清水康敬・柳田修一・吉沢康雄（1981）「OHP提示における支持棒の効果」『日本教育工学雑誌』6(1)：11-17.

清水康敬・赤堀侃司・市川伸一・中山実・伊藤紘二・永岡慶三・岡本敏雄・吉崎静夫・近藤勲・永野和男・菅井勝雄（1999）「教育工学の現状と今後の展開」『日本教育工学雑誌』22(4)：201-213.

清水康敬（2006）『電子黒板で授業が変わる――電子黒板の活用による授業改善と学力向上』高陵社書店.

清水康敬・山本朋弘・堀田龍也・小泉力一・吉井亜沙（2006）「学校教育の情報化に関する現状と今後の展開に関する調査結果」『日本教育工学会論文誌』30(4)：365-374.

周藤正子・中山実・清水康敬（1995）「コンピュータ画面における文字の提示に関する検討」『日本教育工学雑誌』19(1)：15-24.

鈴木克明（1985）「教授メディアの選択にかかわる要因」『視聴覚教育研究』16：1-10.

末武国弘（1992）「プレゼンテーション技術」清水康敬（編）『情報通信時代の教育』電子情報通信学会.

総務省（2011）「教育分野におけるICT利活用推進のための情報通信技術面に関するガイドライン（手引書）2011　～フューチャースクール推進事業を踏まえて～」.
http://www.soumu.go.jp/main_content/000110108.pdf

総務省（2012）「教育分野におけるICT利活用推進のための情報通信技術面に関するガイドライン（手引書）2012　～フューチャースクール推進事業2年目の成果を踏まえて～」.
http://www.soumu.go.jp/main_content/000153968.pdf

総務省（2013a）「教育分野におけるICT利活用推進のための情報通信技術面に関するガイドライン（手引書）2013　小学校版　～実証事業3年間の成果をふまえて～」.

http://www.soumu.go.jp/main_content/000218505.pdf
総務省（2013b）「教育分野におけるICT利活用推進のための情報通信技術面に関するガイドライン（手引書）2013　中学校・特別支援学校版　～実証事業2年目の成果をふまえて～」．
http://www.soumu.go.jp/main_content/000218507.pdf
総務省（2014）「教育分野におけるICT利活用推進のための情報通信技術面に関するガイドライン（手引書）2014　中学校・特別支援学校　～実証事業の成果をふまえて～」．
http://www.soumu.go.jp/main_content/000285277.pdf
高橋純・堀田龍也（2008）「小学校教員が効果的と考える普通教室でのICT活用の特徴」『日本教育工学会論文誌』32（Suppl.）：117-120．
UNESCO（2010）ICT Transforming Education A Regional Gide.
http://unesdoc.unesco.org/images/0018/001892/189216E.pdf
Venezky, R. L., Davis, C.（2002）Quo Vademus? The Transformation of Schooling in a Networked World, OECD/CERI.
http://www.oecd.org/dataoecd/48/20/2073054.pdf
渡邉光浩・高橋純・堀田龍也（2009）「算数科の一斉授業におけるICT活用による指導の効率化」『日本教育工学会論文誌』33（Suppl.）：149-152．
山田智之・野中陽一・石塚丈晴・高橋純・堀田龍也・畠田浩史・小柴薫（2010）「普通教室における日常的なICT活用を支える投影環境の検討」『日本教育工学会論文誌』34（Suppl.）：61-64．
山田智之・野中陽一・青木栄太・高橋純・堀田龍也（2011）「小学校の普通教室における適正な大型提示装置の配置に関する検討」『全日本教育工学研究協議会第37回大会論文集』CD-ROM．
川瀬真（監修），大和淳・山本光・野中陽一（編）（2013）『先生のための入門書　著作権教育の第一歩』三省堂．

## 人名索引

**A–Z**
Balanskat, A. 178, 179
Collins, A. 91
Comber, C. 178
Condie, R. 178
Cox, M. 178, 179
Gange, R. M. 178
Harrison, C. 178
Hooper, S. 163
Irseon, J. 154
Kuhn, T. 12
Law, N. 165
Reiser, R. A. 178
Rieber, L. P. 163
Rogers, . 172
Somekh, B. 160, 178, 179
Venezky, R. L. 179

**ア行**
赤堀侃司 24
東洋 33
有光成徳 5
アルノーネ（Arnone, M. P.） 88
アンダーソン（Anderson, L. W.） 84
安隆模 151
生田孝至 10
井上光洋 33
ヴィゴツキー（Vygotsky, L. S.） 92
ウィーバー（Weaver, W.） 85
ウェンガー（Wenger, E.） 91
エリクソン（Erikson, E. H.） 18
オースベル（Ausubel, D. P.） 90
織田守矢 18

**カ行**
カースリー（Kearsley, G.） 86
ガリソン（Garrison, D. R.） 82
グッド（Good, T. L.） 89
グーテンベルグ（Gutenberg, J. G. L.） 1
クラウダー（Crowder, N. A.） 79

グラボウスキー（Grabowski, B. L.） 88
黒上晴夫 153
クロンバック（Cronbach, L. J.） 7
上月節子 16
コメニウス（Comenius, J. A.） 1
コール（Cole, M.） 92

**サ行**
坂元昂 5, 10, 23, 32, 33
佐藤弘毅 152
シェール（Shale, D. G.） 82
清水康敬 10, 148, 151, 176, 178
シャノン（Shannon, C. E.） 4, 85
シュラム（Schramm, W.） 3
末武国弘 10, 180
菅井勝雄 13
スキナー（Skinner, B. F.） 79
鈴木克明 178
スノウ（Snow, R. E.） 88

**タ行**
高桑康雄 5
高橋純 151
チャンドラー（Chandler, P.） 73
デール（Dale, E.） 58

**ナ行**
中尾敦子 168
永野和男 10, 35, 148
中野照海 5, 23, 33
西之園晴夫 32, 33
西本三十二 5
野津良夫 5
野中陽一 152, 171, 177

**ハ行**
ハイト（Heidt, E. U.） 72
ハヴィガースト（Havighurst, R. J.） 18
バージ（Berge, Z. L.） 87
波多野完治 5

ピアジェ (Piaget, J.)　18, 90
ヒギンボスハム＝フィート (Higginbotham-Wheat, N.)　87
ヒルマン (Hilman, D. C. A.)　84
ヒルミ (Hirumi, A.)　86
フィンガー (Finger, G.)　81
ブラウン (Brown, J. S.)　90
ブルーナー (Bruner, J. S.)　5, 90, 92
ブルーム (Bloom, B. S.)　26, 64
プレッシー (Pressey, S. L.)　78
ホーバン (Hoban, C. E.)　5
堀田龍也　10, 170, 178
ボルソック (Borsook, T. K.)　87

マ行

マイハイム (Milheim, W. D.)　87
マイヤー (Mayer, R.)　72
牧野由香里　35
マクルーハン (Macluhan, M.)　3
マコームズ (McCombs, B.)　94
マルザーノ (Marzano, R. J.)　64
三浦元喜　152
水越敏行　5, 10, 30, 32, 33
ムーア (Moore, M. G.)　84

ヤ・ラ・ワ行

ヤッキ (Yacci, M.)　82
山田智之　151, 152
大和淳　177
リッチモンド (Richmond, W. K.)　75
レイブ (Lave, J.)　91
ロミソフスキー (Romizowsky, A. J.)　70
ワグナー (Wagner, E. D.)　85, 87
渡邊光浩　151

# 事項索引

## A-Z
ATI（Attitude Treatment Interaction） 7
Becta（British Educational Communication Technology Agency） 152, 155, 158, 161, 162
Becta's self-review framework 155
BSF（Building Schools for the Future） 159
CAI（computer assisted/aided instruction） 12, 19
――システム 67
認知的―― 80
CCTV（Closed-Circuit Television System） 16
CMI（computer managed instruction） 12, 19
Computing 160
CSCL（Computer Supported Collaborative Learning） 93
CSCW/L（Computer Supported Collaborative Work/Collaborative Learning） 20
Curriculum Online 159
Dale-Chall cloze 39
DfES 179
DVD（Digital Versatile Disk） 15
e-Japan 戦略 10
e-ラーニング（e-Learning） 12, 20, 41
ICT（Information & Communication Technology） 13, 56
――Mark 156
――活用 102
――支援員 114
Impact2 158, 160
IWB（Interactive White Board） 117
LL（Language Laboratory） 16, 19
LMS（Learning Management System） 20
ML（Music Laboratory） 12, 16
NAACE（National Association of Advisers for Computers in Education） 155, 156
NOF（New Opportunity Fund） 157
OECD 162
PDA（Portable Digital Assistant） 2, 9
PISA 32
RA（Response Analyzer） 19, 47
SLICT（Strategic Leadership for ICT） 159
SMIS（School Management Information System） 159
Test Bed prpject 160, 179
UNESCO 163
W3C 85
WBT（Web Based Training） 27

## ア行
アーカイブス（archives） 46
アーティキュレーション 91
アノテーション 101
一般コミュニケーションモデル 85
イノベーション 165, 166, 170, 172, 173
インストラクショナルデザイン 71
インターネット 56
インターネット犯罪（internet criminal） 22
インターフェイス 78
インタラクション 76
インタラクティビティ 85
ウェーバー・フェヒナ効果（Weber-Fechner Effects） 51
ウェブ掲示板 93
絵 57
映像リテラシー 28
エクスプロレーション 92
オーディオ（aoudio） 15
オンデマンド機能（On-Demand） 15
オンライン化 60

## カ行
会議室 62
解説 59
学習資源（learning resouces） 41

学習者用デジタル教科書　101
学習進度のコントロール　60
学習道具としてのメディア　61
学習内容としてのメディア　58
学習の仕方を学ぶ　62
学習リソース　56
掛け図　56
可視光　17
可聴周波数　17
学校間交流学習　114-115
「学校における教育の情報化の実態等に関する調査」　106
可能性　89
機能的学力　31
教育 CIO　114
教育観　89
教育情報ナショナルセンター（NICER）　104
教育の情報化に関する手引　105, 177
教育の情報化ビジョン　177
教育メディア　100
教育目標分類体系（Taxonomy of Educational Objectives）　26
教員の ICT 活用指導力　110-113
教員の ICT 活用指導力のチェックリスト　111, 112
強化　89
教科書　56
教授者としてのメディア　60
グラフ化　68
グループウェア（group ware/collaborative ware）　20
経験の円錐（Corn of Experience）　5, 58
携帯型情報端末装置　→　PDA
ゲシュタルト心理学　5
言語的シンボル　58
行動主義　89
校務支援システム　120
黒板　62
コース設計者　60
コーチング　91
コミュニケーション　62
コミュニティをつくるメディア　62
コントロール　87

サ行
最近接発達領域　92
参考書　60
刺激　89
視知覚の恒常現象　18
視聴覚教材・教具　43
実践共同体　91
実体的学力　31
実物　57
実物投影機　107
指導者用デジタル教科書　107
社会的構成主義　92
生涯学習（Life-Long Education）　21
生涯教育（学習）　23, 24, 25
状況主義　91
情報　64
情報格差（digital divide）　21
情報活用能力　177
情報基盤　102
情報伝達のためのメディア　57
情報の生産者　42
情報モラル　149
情報リテラシー　28
情報倫理　22
初発の質問　60
調べ学習　61
自律システム　64
心的手続き　64
図　57
スカフォールディング　91
スキーマ　90
スクール・ニューディール　166
スクール・ニューディール構想　105, 149
スタンドアローン（stand alone）　12
正統的周辺参加　91
『世界図絵』　1
宣言的な知識　57
全国学力・学習状況調査　150
先進運動手続き　64
送出　69
ソーシャルメディア（social media）　21

タ行
タブレット端末　62

探究 61
知識基盤社会（knowledge-based society） 24
チャット 93
仲介 69
チューター 62
直接教授性 59
直接経験 58
著作権 149, 177
通信教育 60
ティーチング・マシン 78
ディスカッション 62
ディスカッションボード 62
データベース 68
適正処遇交互作用 7
テクノロジープッシュ（technology-push） 19, 29
デジタルコンテンツ 59
デマンドプル（demand-pull） 19
テレビ会議システム 93
テレビジョン（television） 15
電子教科書 41, 44, 47
電子黒板 47, 117
問い 59
動画 56
図書資料 61

ナ行

ナショナルカリキュラム 153
西本・山下論争 10, 38
二重チャンネル仮説 72
日本教育工学協会（JAET） 161
日本国際協力事業機構（JICA） 17
認知システム 64
認知的徒弟制 91

ハ行

排除による選択 71
ハイパーメディア 47
パナソニック教育財団 169
パラダイム 12
反転学習 56

ビデオ（video） 15
一人一台 56
100校プロジェクト 10
ピュアe-ラーニング 41
評価問題 60
表示 69
表象 57
フィードバック 60, 68, 87
副読本 56
フューチャースクール 171
フューチャースクール推進事業 180
ブレンディッドラーニング（blended learning） 27
プログラム学習 79
プロジェクター 59
プロジェクト法 61
報告 62
報酬 89
放送衛星利用 35
ホーソン効果（Hawthorne effect） 51
ホームスクール 56
ホワイトボード 62

マ行

学びのイノベーション事業 180
マルチメディア 47
メーリングリスト 93
メタ認知システム 64
メッセージ 66
メディアリテラシー（media literacy） 23, 30
模造紙 62
モディフィケーション過程 165
モデリング 91
モデレーター 62
モニタリング 67
問題集 60

ヤ・ラ・ワ行

ユビキタス（ubiquitous） 7
リフレクション 91
ワードプロセッサー 12, 46

執筆者紹介（執筆順，執筆担当）

近藤　勲（こんどう・いさお，岡山大学名誉教授）　はしがき，第1章

黒上　晴夫（くろかみ・はるお，関西大学総合情報学部）　第2章

堀田　龍也（ほりた・たつや，東北大学大学院情報科学研究科）　第3章

野中　陽一（のなか・よういち，横浜国立大学教育人間科学部附属教育デザインセンター）　第4章

---

教育工学選書第7巻
教育メディアの開発と活用

2015年3月20日　初版第1刷発行　　〈検印省略〉

定価はカバーに表示しています

| 著　者 | 近藤　勲夫也一 |
| | 黒上　晴夫 |
| | 堀田　龍也 |
| | 野中　陽一 |
| 発行者 | 杉田　啓三 |
| 印刷者 | 坂本　喜杏 |

発行所　株式会社　ミネルヴァ書房
607-8494　京都市山科区日ノ岡堤谷町1
電話代表　(075)581-5191番
振替口座　01020-0-8076番

Ⓒ 近藤・黒上・堀田・野中, 2015　冨山房インターナショナル・新生製本

ISBN 978-4-623-06367-3
Printed in Japan

## 教育工学選書

日本教育工学会監修

---

| | | |
|---|---|---|
| 第1巻 | 教育工学とはどんな学問か | 坂元　昂・岡本敏雄・永野和男 編著 |
| 第2巻 | 学びを支える教育工学の展開 | 赤堀侃司・山西潤一・大久保昇 著 |
| 第3巻 | 教育工学研究の方法 | 清水康敬・中山　実・向後千春 編著 |
| 第4巻 | 教育工学とシステム開発 | 矢野米雄・平嶋　宗 編著 |
| 第5巻 | 教育工学における教育実践研究 | 西之園晴夫・生田孝至・小柳和喜雄 編著 |
| 第6巻 | 授業研究と教育工学 | 水越敏行・吉崎静夫・木原俊行・田口真奈 著 |
| 第7巻 | 教育メディアの開発と活用 | 近藤　勲・黒上晴夫・堀田龍也・野中陽一 著 |
| 第8巻 | 教育工学における学習評価 | 永岡慶三・植野真臣・山内祐平 編著 |

―――― ミネルヴァ書房 ――――

http://www.minervashobo.co.jp/